以强企之行,
　　　实现强国之梦

杨思卓

○ 中国领导力理论领军人物、中商国际管理研究院院长、韩国国立仁川大学数字经济学院院长。著有《中国管理顾问手册》《缔造冠军企业》《领导力3.0》《进入成人世界的9个密码》等18部专著。他以第三代领导力学术与实践的杰出成果,走上哈佛大学讲坛,成为中国管理走向世界的代表。

○ 杨思卓经历了公务员、企业家、学者、顾问、慈善家的五重蝶变,成为一代企业家导师,18年来助力三一重工董事长梁稳根、比亚迪董事长王传福、新明珠董事长叶德林、TCL前总裁薄连明、柔宇科技董事长刘自鸿等数十位商界领袖成功,被誉为"黑钻"式传奇人物。他创立的"九段私董会",成为冠军企业的摇篮;他发起的"书香中国万里行",成为智慧公益的典范。

制度为王

杨思卓 —————— 著

图书在版编目（CIP）数据

制度为王 / 杨思卓著 . — 北京：北京联合出版公司，2020.9

ISBN 978-7-5596-3645-4

Ⅰ . ①制… Ⅱ . ①杨… Ⅲ . ①企业制度—通俗读物 Ⅳ . ① F271-49

中国版本图书馆 CIP 数据核字（2020）第 061949 号

制度为王

作　　者：杨思卓
出 品 人：赵红仕
选题策划：北京时代光华图书有限公司
责任编辑：徐　鹏
封面设计：新艺书文化
版式设计：张志凯

北京联合出版公司出版
（北京市西城区德外大街 83 号楼 9 层　　100088）
北京时代光华图书有限公司发行
天津市祥丰印务有限公司印刷　　新华书店经销
字数 141 千字　　787 毫米 ×1092 毫米　　1/16　　13 印张
2020 年 9 月第 1 版　　2020 年 9 月第 1 次印刷
ISBN　978-7-5596-3645-4
定价：88.00 元

版权所有，侵权必究
未经许可，不得以任何方式复制或抄袭本书部分或全部内容
本书若有质量问题，请与本社图书销售中心联系调换。电话：010-82894445

目录

前　言 / V

第一章　治企有道：企业领袖与企业制度

给企业制度下个定义 / 003

文化传家久，制度继世长 / 007

诺贝尔奖为啥给了制度经济学 / 011

偶胜靠千方百计，必胜靠一定之规 / 014

领袖构建制度，制度规范领袖 / 017

为什么罗斯福赶不上华盛顿 / 020

一个领袖打天下，六项制度定江山 / 024

第二章　企业宪章：管制度的制度——根本性规范

掌控有方：公司法人与股权分配 / 031

治理有道：企业大治靠宪章 / 036

精品制度范例1：企业宪章 / 040

第三章 运营流程：
管过程的制度——程序性规范

运行有序：运行有序靠流程 / 083

精品制度范例2：业务流程图 / 088

第四章 业务规范：
管行为的制度——业务性规范

业务有方：业务不乱靠规范 / 095

精品制度范例3：员工行为规范 / 099

第五章 机构职能：
管组织的制度——部门性规范

行权有章：组织功能靠定位 / 119

用权有度：先给领导立规矩 / 122

精品制度范例4：部门职能 / 125

第六章 岗位责任：
管个体的制度——岗位性规范

个人有责：分工合作靠责任 / 137

四种角色：排兵布阵有章法 / 141

精品制度范例 5：岗位职责 / 145

第七章

**衡量标准：
管赏罚的制度——标准性规范**

违章必究：保证制度靠奖罚 / 159

精品制度范例 6：奖惩制度 / 163

第八章

**制度执行：
十分规矩、七分执行**

给制度躯体加上人性的灵魂 / 177

给制度骨骼加上文化的经络 / 180

给制度血脉加上老板的起搏器 / 182

给制度落地加上承诺的保证 / 185

制度调整比一成不变更重要 / 189

制度不必管得太细 / 192

精品制度范例 7：高效员工的 16 项习惯 / 196

前 言

一个快速成长的企业,绝对少不了领袖,企业家的名字往往比企业更响亮;一个可以传承的企业,绝对少不了制度,好制度的影响比好领袖更久长。本书名为《制度为王》,意义就在于此。

能够香火传承的家族,总有这样一副对联:忠厚传家久,诗书继世长。能够基业长青的企业,该有一副什么样的对联呢?"文化传家久,制度继世长!"企业传承,如果只想到传给什么人,往往会走入误区,其实制度才是最好的传人。选到一个好人,只能传承一代;制定了伟大的制度,才可以代代相传。

然而我们会定制度吗?要知道,打天下需要眼光和胆略,定制度需要严密与科学——这是两种截然不同的才能。一个企业家兼备两项才能，百无一二！所以大多数企业摆脱不了这样的魔咒：能不过一人，富不过二代。

那么大多数企业该怎么办？一个打天下的统帅，怎样变成定江山的王者？这本书破解了企业制度设计的不同角度：让你的制度覆盖到管根本、管流程、管标准、管人、管事、管权、管心。为你解开企业的魔咒，让你轻松掌握制度定江山的诀窍。

正是因为有各界人士的大力支持，本书才能够顺利出版，在此我表示衷心的感谢！同时，感谢我的助理，以及公司全体同仁。他们做了大量的资料整理、案例筛选工作，他们才是真正的英雄，人们看不到他们，是因为他们在幕后。正是借助他们的力量，我才能更好地服务于企业！

杨思卓

第一章
治企有道：企业领袖与企业制度

给企业制度下个定义

英国历史学家阿克顿曾经讲过这样一个故事,说的是有七个人每天分一桶粥,但是,粥每天都分不均匀,于是他们就开始想办法。

起初,他们指定一个人负责分粥,但发现这个人为自己分的粥最多;再换一个人,还是如此。后来,他们每天轮流分粥,但是每周下来,只有自己分粥的那一天是吃得饱的,其余六天都要挨饿。于是,他们推选出一个信得过的人来分粥,但不久,在大家的讨好、贿赂下,他也不公平了。然后,大家组成一个分粥委员会及监督委员会,用监督和制约来保证公平。但他们常常相互攻击,扯皮下来,粥早就凉了。

最后他们想出来一个方法:每个人轮流分粥,但是分粥的那个人要最后领粥。令人惊奇的是,这回七只碗里的粥每次都是差不多,为什么?原因很简单,如果七只碗里的粥相差太大,那么分粥人碗里的粥无疑将是最少的,为了不让自己吃到最少的,所以每个人都尽量分得平均。

从管理的角度看,"七人分粥"讲了四种管理方式:职责、分工、素质、组织。指定一个人负责分粥讲职责,每天轮流分粥讲分工,推选出一个信得过的人讲素质,组成分粥委员会讲组织。当这些方式都不管用时,大家轮流分粥,分粥的人最后领粥,讲的是游戏规则。

分粥的博弈说明了什么问题?解决企业管理难题,职责、分工、素质、组织是一般管理,制度是根本管理。**一般管理扬汤止沸,制度管理釜底抽薪。**

那么,什么叫制度?教科书上有十几种说法,有的说企业制度是关于企业组织、运营、管理等一系列行为的规范和模式的总称。也有的说企业制度是在一定的历史条件下所形成的企业经济关系。在这里我们给它下个简明的定义:**制度就是企业经营管理的游戏规则。**

制度是外部游戏规则,**企业经营说到底是整合货币资本和人力资本与其他企业博弈的游戏。**赢的企业才能在市场上存活下来,输的企业就会被淘汰,这种游戏规则就是一赢一输。不过也有一些双赢的,比方说企业之间建立的联盟。

制度是内部游戏规则。除了市场上的大博弈之外,还有企业内部的货币资本与人力资本的博弈。**准确地说,老板代表了货币资本,员工和经理人代表了人力资本。内部博弈的结果不能是一赢一输,这两者之间寻求的是双赢,这才是真正的赢。**当然,内部博弈也有一赢一输的,但基本原则是内部的博弈要服从企业经营的大博弈。

不管是经营管理,还是内部管理,都需要一些规则,那么,制定规则是不是可以随心所欲？不行，因为管理方式，是某种特定管理对象和管理环境的产物，它要考虑外部和内部的六个因素。

第一，企业家的行为模式。有些老板就想自己赢，不想别人赢，那规则的制定就会受到影响。

第二，企业的愿景与战略。比方说，愿景是建立一个具有高度社会责任感的企业，和愿景是建立一个最大限度地获取利润的企业，游戏规则是不一样的。

第三，企业内部团队成员的行为模式。你领导的是一个训练有素的职业队，你可以用高级游戏规则；你领导的是一群乌合之众，那你可能只用初级的游戏规则。同样，管理专家、教授和管理农民工的规则也大不相同。

第四，企业的行业特性和竞争对手。企业的行业特性和竞争对手不同，游戏规则也会不一样。比方说，垄断企业，尤其是资源行业，它可能更倾向于垄断，需要不断地把竞争对手吃掉。而服务行业就不适合垄断，它需要的是整合资源。至于房地产业，它还会有许多潜规则。所以，行业特点不同，游戏规则也不同。

第五，企业与客户的关系。假如你是给强大的客户服务，比如政府，那你的游戏规则就必须服从它的游戏规则。同样，你强大了，别人也会服从你的游戏规则。像微软，全世界都要服从它的游戏规则。

第六，政治、经济、文化环境。企业的游戏规则是由企业家来制定的，相对于社会环境而言，这是小规则，小规则往往要服从大规则。大规则是什么？就是由国家制定的市场准入规则。市场也涉及政治、文化等，那企业制度就会受到政治、文化的游戏规则的影响。

以上六个变量，决定了企业制度管理是一场很有意思的游戏。

这种游戏，很像我们打牌。重要的不是看你抓没抓到好牌，而是看你对游戏规则熟不熟悉。熟悉了游戏规则，即使你抓到的是最次的牌，也很可能成为大赢家。就像打麻将的十三幺，假如你不知道有这个游戏规则，即使抓到一手好牌也会觉得没戏；但如果你利用了这个游戏规则，就会大赢。所以，**胜在明白市场，赢在通晓制度**。

> **制度指南**
>
> 1. 一般管理扬汤止沸，制度管理釜底抽薪。
> 2. 制度就是企业经营管理的游戏规则。
> 3. 制度是外部游戏规则，企业经营说到底是整合货币资本和人力资本与其他企业博弈的游戏。
> 4. 制度是内部游戏规则。准确地说，老板代表了货币资本，员工和经理人代表了人力资本。内部博弈的结果不能是一赢一输，这两者之间寻求的是双赢，这才是真正的赢。
> 5. 胜在明白市场，赢在通晓制度。

文化传家久,制度继世长

能够香火传承的家族,总有这样一副对联:忠厚传家久,诗书继世长。能够基业长青的企业,该有一副什么样的对联呢?"文化传家久,制度继世长!"企业传承,只想到传给什么人,往往会走入误区。**其实,制度才是最好的传人**。选到一个好人,也只能传承一代;制定了伟大的制度,才可以代代相传。在这方面,美国的杜邦公司就是个很好的榜样。

杜邦公司创立于1802年,可以算是世界500强企业中最长寿的公司之一了。为什么它能存在这么久?这与杜邦家族不断进行的企业制度创新有关。

早期的杜邦公司在管理上个人英雄主义色彩很鲜明,尤其是亨利·杜邦的管理风格,被人们称为"恺撒式管理"。什么意思呢?就是单人决策。公司的所有决策,哪怕是细微的决策都要由他亲自决定,所有支票他都要亲自开,所有合同他也都要自己签,等等。这种管理方式取得了较好的效果,在长达39年的任期内,亨利将公司带到了一个前所未有的高度,并建立起了杜邦帝国。

但问题是,完全依靠个人能力的管理是无法传承的,这对于一个组织来讲很危险。事实很快就证明了这一点。1889年,亨利去世,他的侄子尤金承继"大统",但由于经验不足、管理无能,导致了企业的大衰退。后来差点儿把杜邦卖了。

为了挽救杜邦公司,杜邦家族改行集团式经营的管理体制。新的管理架构决策权依然掌控在家族成员手中,但他们不再亲力亲为,而是交由执委会执行。将管理制度化,而不是仅仅依靠个人的单打独斗,这种方式使得效率显著提高,大大促进了杜邦公司的发展。但是,权力集中也有缺陷,过于集中就没有弹性,很难适应市场的变化,于是杜邦公司又实行了多分部体制,把权力下放,杜邦公司再次获得大发展。

然而,市场是不断地变化的。20世纪60年代初,杜邦公司又一次面临重重危机。杜邦家族拥有的10亿多美元的通用电气股票被迫出售,杜邦家族多年的优良资产被剥离;而由杜邦家族控制的美国橡胶公司也被洛克菲勒家族抢走。

公司经营上出现问题,说明旧的经营模式已经不适应公司的发展。为了应对这场困境,科普兰·杜邦临危受命,出任第11任董事长兼总经理,并提出新的经营方针。1967年年底,科普兰把总经理一职让给了非杜邦家族的马可,财务委员会议议长也由别人担任,自己专任董事长一职，从而形成了"三头马车式"的体制。1971年，科普兰又让出了董事长的职务。

在科普兰之前，杜邦家族以外的人不能担任最高管理职务。科普兰发起了一场划时代的变革，彻底抛弃了故步自封的家族习俗，结束了长达170年的家族控制和管理。杜邦公司正式由专业管理层接管，成为经理式企业，也由家族企业向现代巨型公司转变。

时至今日，作为一家上市公司，杜邦家族成员中的大部分都成了优秀的经理职员，但只有五六人列席公司的董事会，一人进入高层管理。虽然杜邦公司董事会中的家族成员比例越来越小，也基本上不参与重要的经营决策和管理，但杜邦家族仍然是公司的所有者，享有公司利润的较大份额。

从第11任董事长科普兰开始，杜邦公司一直沿袭同样的企业制度。

从杜邦公司的发展中我们可以看到，杜邦公司之所以能够长久发展，关键在于它的制度。虽然每一个历史时期的管理方式不同，但都有它特定的制度规则：第一个百年，单人决策制；第二个百年，从集团式经营到多分部体制，进而形成"三头马车式"体制，成为职业经理人管理的企业。这些制度在一定时期内保障了杜邦公司的发展。

当然，从最初的个人英雄主义到现在的职业经理人管理，不仅是制度的沿袭和传承，更是制度的发展与创新。从科普兰的制度变革中，我们就看到了这一点。杜邦公司的可持续发展，源于杜邦公司的制度创新，对于所有的企业而言，这也是最根本的。如果用一句话来表达，那就是：**制度创新是最根本的创新，制度变革是最重要的变革。**

另外，我们也发现，杜邦公司发展至今在历任董事长中不乏英雄人物，像伊雷内·杜邦，开始了杜邦两百多年的光荣之旅；亨利·杜邦，通过行业协会和兼并同行企业的做法，令杜邦帝国迅速发展；科普兰·杜邦，抛弃故步自封的家族习俗，成为"危机时代的起跑者"等。这些人无疑是杜邦家族历史上最重要的人物，他们在任的时候都是响当当的人物。但是，现在人们只知道杜邦公司，却很少有人知道科普兰·杜邦是谁。这说明了什么？一个快速成长的企业，绝对少不了领袖，企业家的名字比企业更响亮；**一个可以传承的企业，绝对少不了制度，好制度比好领袖更久长。**

所以，领袖是打天下的"王"，制度是定天下的"王"。那么，一个打天下的统帅，怎样变成定江山的王者？制定制度，创新制度。制度为王，江山才能永固。

制度指南

1. 企业传承，只想到传给什么人，往往会走入误区。其实，制度才是最好的传人。
2. 制度创新是最根本的创新，制度变革是最重要的变革。
3. 一个可以传承的企业，绝对少不了制度，好制度比好领袖更久长。

诺贝尔奖为啥给了制度经济学

和平与战争从来就不是学问,所以谁也说不清楚。但经济学可是研究资源有效配置的大学问,传统研究发现了多种配置方式,却没确定哪种最有效。制度经济学的贡献,就在于发现了最有效的一种。提纲挈领,可以用八个字来概括:**有效配置,制度为王!** 2009年的诺贝尔奖评选就可以印证这一点。

每年的诺贝尔奖都会格外受人关注,有时候就连小孩子也会知道今年的诺贝尔奖给了谁谁谁。这不足为奇,毕竟诺贝尔奖是授予世界各国在各个领域对人类做出重大贡献的学者。当然,有时候奖章颁给谁也传达出一种信号,可以从侧面反映出全世界关注的领域。

2009年的诺贝尔经济学奖,分别奖给了美国的经济学家埃莉诺·奥斯特罗姆和奥利弗·威廉姆森,这两位的研究方向都是制度经济学。埃莉诺·奥斯特罗姆因为"在经济管理方面的分析,特别是对公共资源管理上的分析"获奖,奥利弗·威廉姆森则因为"在经济管理方面的分析,特别是对公司边界问题的分析"而获奖。毫无疑问,这一年的诺贝尔经济学奖是奖给了制度经济学。

其实,早在1991年,制度经济学的开山鼻祖、美国芝加哥大学教授罗纳德·科斯就获得了诺贝尔经济学奖。1993年,美国华盛顿大学教授道格拉斯·诺斯获得诺贝尔经济学奖,他也是制度经济学的重要代表人物。

2009年诺贝尔奖的评选中,由于国际金融危机的发生和世界范围内对环境、气候变化问题的空前关注,当时多家专业机构预测诺贝尔奖会在这些领域产生。但有的学者认为,金融危机的发生、环境问题的加重,根源都在于制度的缺失。评奖结果表明,相对于技术性、应用性学科,人们更加重视经济制度,制度经济学的重要性被再次强调。同时,也明明白白地告诉世人:**解决金融危机,必须解决资本主义制度问题,否则如同治病不去根。**

经济的根本问题是制度问题,管理的问题是不是制度问题?制度经济学家没说,管理学家也没说,今天我要明白无误地说一句:**企业管理,制度为王。**有人可能要说,为什么不说企业家为王?实话实说,**没制度的企业,老板就是制度;有制度的企业,制度才是老板。**那先有鸡还是先有蛋?就一个具体的企业来说,当然是先有老板,后有制度。但是,老板决定制度生不生,制度决定老板死不死。也可以推论,老板决定企业生不生,制度决定企业死不死。话虽糙一点儿,但你想想,是不是这个理儿?

> **制度指南**
>
> 1. 有效配置，制度为王！
> 2. 解决金融危机，必须解决资本主义制度问题，否则如同治病不去根。
> 3. 企业管理，制度为王。
> 4. 没制度的企业，老板就是制度；有制度的企业，制度才是老板。
> 5. 老板决定制度生不生，制度决定老板死不死。也可以推论，老板决定企业生不生，制度决定企业死不死。

偶胜靠千方百计，必胜靠一定之规

有些人折腾了一辈子也没做成什么事，而有些人看着什么都没做却成了事。有人说这是命，其实也未必。凡事都是有规律的，既然能成事，就自然有其道理。

古希腊有一句谚语，说的是："狐狸知道很多的事，刺猬则知道一件大事。"意思是说，狐狸机巧百出，却不及刺猬一计防御。怎么讲呢？狐狸是一种狡猾的动物，行动迅速，能够设计无数复杂的策略向刺猬发动进攻；而刺猬在受到攻击时会立刻蜷缩成一个圆球，浑身的尖刺指向四面八方。尽管狐狸比刺猬聪明，但是刺猬屡战屡胜。

为什么看起来很笨的刺猬却能够战胜狡猾的狐狸？狐狸靠的是千方百计，刺猬靠的是一定之规。在刺猬与狐狸的较量中，我们不难发现，刺猬只专心于一种能力的培养，它把复杂问题简单化；而狐狸之所以失败是源于它太"聪明"，总想通过"计谋"获得胜利，它把简单问题复杂化了。当狐狸输给刺猬的时候，不知道它是否总结出了一个道理：它之所以失败，就是因为太"聪明"。

借这个故事，我们可以把企业家划分为两种类型：一种是"狐狸型"，另一种是"刺猬型"。"狐狸型"的企业家特别聪明，辗转腾挪，千方百计地解决问题。

"刺猬型"的企业家看起来"笨笨的"，但他坚持原则，用一定之规解决问题，如李嘉诚。李嘉诚曾经给孩子提出了十条忠告：克勤克俭，不求奢华；培养独立的生活能力；赚钱靠机遇，成功靠信誉；耐心等待成功的到来；有胆识也要有谋略；别人如果放弃，你就要出手；懂得用人是成功的前提；不要对一项业务情有独钟；要时刻考虑合作伙伴的利益；肯用心来思考未来。我们说成功自有道理，对于李嘉诚而言，这十条忠告就是他成功的道理。正所谓任尔妙计万千，我有一定之规。

其实，很多时候，**经理人的生存模式更像狐狸，要有千条妙计；老板的生存模式更像刺猬，要有一定之规。**为什么？经理人考虑的是企业的经营问题，而老板考虑的是企业的发展问题。职业经理人要考虑营业额，要考虑利润，还要考虑风险的回避，因此他需要千方百计地落实解决企业经营中存在的困难和问题；而老板是对企业的未来和发展负责的，这是战略性的，不能朝令夕改。

从这个角度讲，经理人的千方百计更多地体现在管理方法上，而老板的一定之规更多体现在企业的制度上。**管理方法可以因人、因时、因事调整，而制度则需要稳定。所以，制度不能像月亮，初一十五不一样。**

> **制度指南**
>
> 1. 经理人的生存模式更像狐狸,要有千条妙计;老板的生存模式更像刺猬,要有一定之规。
> 2. 管理方法可以因人、因时、因事调整,而制度则需要稳定。所以,制度不能像月亮,初一十五不一样。

领袖构建制度，制度规范领袖

奥巴马还没上台时，就提出了"变革"和"希望"的政见，上了台后，他决定在金融安全、经济安全和社会安全方面进行变革，正像他在胜选致辞中说的"变革的时代已经到来"，这一度让美国人备受鼓舞，甚至有人认为，奥巴马变革是又一个"罗斯福新政"。很多人对他寄予了厚望，以为他会怎样怎样，结果，奇迹并没有发生，奥巴马也没怎么样。美国人对他很失望，包括那些黑人群体也指责他辜负了90%支持他的黑人选民。

为什么黑人选民要失望呢，其实奥巴马本来就这样，他并不是亲非裔的总统，就连他自己都这样说："我是整个美国的总统，但这不代表我能通过一些只让黑人群体受益的法律，我能做的就是确保可以顾全所有人的利益，尤其是那些最需要帮助的群体。"

说得"多好"，"我能做的就是确保可以顾全所有人的利益"，所有人的利益是什么？是美国利益。每一位美国总统不管要施展什么样的政治主张，都要由这四个字来决定，奥巴马也不例外。虽然他是黑人，但他不是黑人的总统，他是"整个美国的总统"，他的身份决定了他要维护整个美国的国家利益，而并非黑人群体的利益。因为他是美国总统，他做出的任何取舍都必须始终捍卫美国的核心利益和价值。总统的权力与职责是制度规定了的，国家的制度决定了总统可以做什么、不能做什么，奥巴马必须遵从国家的制度。所以，千万不要指望有史以来的第一位黑人总统就能够维护黑人群体的利益。

规则引导行为，制度决定行为。这就注定了奥巴马改变不了美国，因为他改变不了美国制度。当然，这也决定了奥巴马成为不了像华盛顿那样的民族英雄，只能是昙花一现的黑人总统。如果他要改变制度，那他就不是奥巴马，而是华盛顿了。

其实，奥巴马也早就意识到了这个问题，所以他出了一本书叫作《我们相信变革》。没错，变革是一把钥匙，但遗憾的是他没有找到变革的大门。很多企业家也是这样，想变革，就是苦于找不到门。那么，这扇门究竟是什么？是制度。**很多企业调整战略、调整产品，也在不断地创新，这些都没错，但千变万化都不如制度创新。企业不好的制度不改变，企业就没有辉煌。**

所以，对于每一个企业来讲，有制度还不够，要有好制度才行。这就像火车轨道，有了轨道只能解决跑火车的问题，但要想火车跑得快，就需要有快速轨道，用一般的轨道跑高铁，那肯定是会出问题的。制度也一样，坏的制度很像坏了的轨道，在这样的轨道上运行，难免会车毁人亡。好的制度才是无砟的高铁轨道，不仅可以让火车跑得快还很安全。我们的企业家不妨先建好你的轨道，坐稳你的江山。

> **制度指南**
>
> 1. 规则引导行为，制度决定行为。
> 2. 很多企业调整战略、调整产品，也在不断地创新，这些都没错，但千变万化都不如制度创新。
> 3. 企业不好的制度不改变，企业就没有辉煌。

为什么罗斯福赶不上华盛顿

有一次大家争论,美国最伟大的总统是谁?有人说是林肯,有人说是华盛顿,一位学识渊博的朋友站起来说:"你们都说得不对,美国最伟大的总统是罗斯福。"在场的人听了之后,一片大笑,没有一个人赞同他的说法,他自己也很纳闷儿,为什么大家都笑他呢?

随后,大家都把目光投向了我,等着我说答案。我说:"美国最伟大的总统不是罗斯福,是华盛顿,也是林肯。"说完后大家表示默认,唯独那位回答罗斯福的朋友不解,他问我为什么不是罗斯福,我给大家讲了我的理由。

在历史上,美国从一个后起之秀变成头号强国的关键转折,是在第二次世界大战期间。这个时期的总统是罗斯福,他也是美国历史上第一位蝉联四届的总统。在任期内,他不仅带领美国从历史上最严重的经济危机中摆脱出来,还最终取得了世界反法西斯战争的伟大胜利，使美国一跃成为世界强国。

时间过去了七十多年，人们渐渐地淡忘了罗斯福。当美国人一提到最伟大的总统的时候，那就是华盛顿和林肯。为什么罗斯福的业绩那么大，名气却远不如华盛顿和林肯？因为华盛顿不仅是美国首位总统，更奠定并建立了美国的联邦制度，一直延续至今。而林肯虽然没有建立联邦制度，却废除了奴隶制度，保证了美国制度的健康运行，也奠定了美国南北战争中北方胜利的基础，维护了国家的统一，为推动美国社会向前发展做出了巨大贡献。林肯受到美国人民的崇敬，在美国人的心目中，他的威望甚至超过了华盛顿。

如果讲业绩，罗斯福最大，如果讲贡献，华盛顿、林肯胜过罗斯福，因为他们保证了美国这种体制的强盛。即便将来没有罗斯福，美国还是会变成强国，因为在第二次世界大战的时候，它就已经具备了这个实力，只不过是罗斯福得到了这个机会。所以，**创造了业绩的人远没有创造了制度的人重要，只有制度之树常青，才有业绩之果，吃果不忘栽树人嘛**。

不仅是美国，中国也是如此。在中国五千年的历史长河中，开疆拓土、建国称帝的人不计其数。但是，可能有些皇帝你都叫不出名字，但没有人不知道秦始皇。

战国前期，秦国沦落后于齐、楚、燕、赵、魏、韩这六个大国，"六国卑秦，不与之盟"。到了公元前361年，秦孝公即位，为了增强秦国实力，便下令招贤，变法图强。于是商鞅从魏国来到了秦国，并且得到了重用，进行变法改革。废井田、重农桑、奖军工、统一度量衡和郡县制等一整套变法求新的发展策略相继实施。

经过商鞅变法，秦国的经济得到了发展，出现了"家给人足"的繁荣景象，军队战斗力也不断加强。富国强兵的秦国，发展成为战国后期最富强的国家，从公元前231年至公元前221年，秦始皇灭了六国，完成了统一中国大业，建立起一个中央集权的强大国家——秦。虽然后来秦灭亡了，制度却存在下来了，中国两千年的皇权时代，在政治制度上基本上都沿袭了秦朝的制度。所谓"汉承秦制"，"自秦以来，其制未变"，"百代都行秦政法"正是如此。比起六国来，秦国是栽了一棵大大的制度之树。

因此，能够一直传承下来的一定与制度有很大关系。国家的基业传承如此，企业传承也一样。**一个组织的健康与成长，不能依靠一两个英雄式的人物，而要依靠伟大的制度，因为能够传承的是制度而不是人。**

企业也是这样，制度维持并规范着企业的正常行为秩序，这是一种重要的手段和必要的措施。没有制度，生活就会变得杂乱无章；没有制度，企业也会变得混乱不堪。尤其是具有英雄式领导的企业，如果企业的竞争力仅仅维系在一两个领导者身上，那么，企业的发展就会完全依赖于领导者个人，这种发展是难以持久的。

一个优秀的企业要想实现永续发展，就要使企业永久地拥有优秀的领导者，而这就要靠制度。只要把优秀领导者的素质制度化，使之变成企业的素质，永久地拥有优秀领导者的问题也就迎刃而解了。因此，**英雄式领导创造了巨大的业绩，他决定着一个企业能否强盛；而**

制度创造了无数个英雄,它决定着一个企业能否长盛。

> **制度指南**
>
> 1. 创造了业绩的人远没有创造了制度的人重要,只有制度之树常青,才有业绩之果,吃果不忘栽树人嘛。
> 2. 一个组织的健康与成长,不能依靠一两个英雄式的人物,而要依靠伟大的制度。因为能够传承的是制度而不是人。
> 3. 英雄式领导创造了巨大的业绩,他决定着一个企业能否强盛;制度创造了无数个英雄,它决定着一个企业能否长盛。

一个领袖打天下，六项制度定江山

一个企业家跟我抱怨说："我现在的身份，就两个字，家长。在家里是家长，在公司还是家长。可是，孩子难管，家长难当啊。"我一听，笑了，说："你一定没看过《非常6+1》吧？"企业家很不解，这是哪儿跟哪儿啊？

我跟他解释说，现在的社会，是"80后""90后"这些年轻人的时代，好多的家庭都是"非常6+1"，爷爷奶奶、外公外婆、爸爸妈妈，加上一个孩子。孩子是家里的"小皇帝"，集万千宠爱于一身，所以，管教孩子有难度。其实，企业家也一样，何谓企业家？说白了就是企业的家长。这个家长也一样，养孩子容易，管孩子不易。用句老话来说，那就是"打江山容易，守江山难"。

不过，话又说回来了，说是守江山难，其实也不然。那么，如何守住江山，基业长青？关键在于治理。治理的依据又是什么呢？当年周武王向箕子询问治国的常理,箕子告诉他,大禹治水有功,上天就把九种大法赐给了禹,治国的常理因此定了下来。这九种大法就是历史上的《洪范》。这是最原始的治理纲要。

同样,明太祖朱元璋戎马一生,驱元顺帝于漠北,一统江山,开大明基业,可谓马背上打下天下。明朝建立后,朱元璋在有识之臣的辅佐下,一手建立了明朝的一切典章制度。其中,所设计的典章制度包括了政治、经济、军事等方面。虽然历史朝代更迭,但不变的是:**打下江山靠英雄,治理江山还得靠制度**。对企业而言更应如此。那么,企业的制度怎么去设计?从现代企业管理的角度来看:一个领袖打天下,六项制度定江山。

企业治理有两大体系:企业领袖+企业制度,构成了企业治理的有形体系;领袖思想+企业文化,构成了企业治理的隐形体系。其中,我们要着重解决的就是有形体系这个问题。在这个体系中,领袖与制度的关系同样可以概括为"非常6+1"的模型(如图1-1所示):

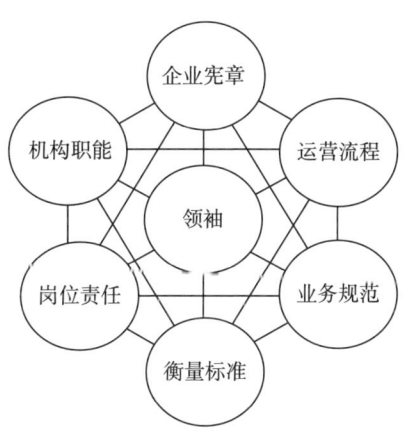

图1-1 "非常6+1"模型

领袖居中，是制度的缔造者、推动者、执行者和变革者；企业宪章在正上方，内容是根本性规范，是管制度的制度；运营流程在右上，内容是程序性规范，是管过程的制度；业务规范在右下，内容是业务性规范，是管行为的制度；机构职能在左上，内容是部门性规范，是管组织的制度；岗位责任在左下，内容是岗位性规范，是管个体的制度；衡量标准在正下方，内容是标准性规范，是管赏罚的制度。

领袖与制度的"非常6+1"模型，就是企业治理的基础。其中，企业宪章是企业每一项制度的核心。企业的其他制度都是根据这一根本大法制定的，所以，企业领袖在设计企业宪章的时候一定要把握好舵盘，明确企业的发展方向。因此，**企业有了6+1的总体框架，再加上高效的执行，就可以保证有领袖不散，有制度不乱。**

但是，目前大部分企业都缺少对制度、规则的设计，没有对企业的宗旨、使命、目标和文化做出明确规定。其实，好的企业都是善于设计游戏规则的。比如华侨城集团公司的《华侨城宪章》、广东核电集团有限公司的《蓝色宪章》和华为技术有限公司的《华为基本法》等，它们都是比较注重管理总则设计的。

作为企业领袖，不妨向这些优秀的企业学一下，一方面要认识到建立企业制度的重要性和必要性；另一方面要付诸行动，建立适合本企业发展的制度体系并严格执行制度规范。毕竟，**没有制度的企业绝不是规范的企业，有制度不执行的企业也很难做强做大。**

所以企业领袖应该设计、建立并完善企业的制度体系，然后以企业宪章为根本，使运营流程、业务规范、机构职能、岗位责任和衡量标准相辅相成，从而不断增强企业的竞争力。

> **制度指南**
>
> 1. 打下江山靠英雄，治理江山还得靠制度。
> 2. 企业治理有两大体系：企业领袖＋企业制度，构成了企业治理的有形体系；领袖思想＋企业文化，构成了企业治理的隐形体系。
> 3. 企业有了6+1的总体框架，再加上高效的执行，就可以保证有领袖不散，有制度不乱。
> 4. 没有制度的企业绝不是规范的企业，有制度不执行的企业也很难做强做大。

第二章
企业宪章：管制度的制度——根本性规范

掌控有方：公司法人与股权分配

很多企业都会面临人事管理难的问题，顶级人才不会干得太久，能力差的却又不想走。该留的留不住，该走的走不了，着实让许多的企业家苦恼不已。到底问题出在哪里呢？如果你看过电视剧《乔家大院》，也许就会明白了。

这是一部根据真人真事改编的商业剧，讲述的是晚清一代晋商闯荡天下，开辟商路，为追寻"汇通天下"的理想而积极奋斗、永不放弃的故事。剧中弃儒经商的乔致庸，以"义、信、利"为本将其所主持的家业发展到了极致，直至"汇通天下，货通天下"之盛况。但是，即使乔致庸做得再好，也没能避免上面所谈到的问题的出现。

复字号最能干的伙计马荀向乔致庸要求辞号，并且递上了辞呈。看着辞呈，乔致庸想问个明白。可马荀不太愿意透露实情，只是说想走，于是乔致庸就同意了马荀的请辞。但是孙茂才劝说乔致庸留下马荀，毕竟马荀在全包头都算是很抢手的人才，于是乔致庸让孙茂才处理这件事情。经过一番努力之后，马荀说出了实情，他解释说这是惯例，徒弟满师后都要离开，因为别家给的薪金更高。掌柜在生意里顶着一份身股，不但平日里拿薪金，到了四年账期还可以领一份红利，所以做掌柜的没人辞号。

乔致庸通过孙茂才了解到实情后，遂大刀阔斧地重修店规，并破天荒地决定：以后凡是学徒四年出师，愿意留在店里当伙计的，一律顶一厘的身股，也就是说年终可分得120两银子的红利，以后逐年按劳绩增加。这一招很管用，辞职风波彻底解决了，不但稳住了伙计留住了人才，而且留下的人才中有的还替东家出了赚大钱的主意。之后乔家的生意蒸蒸日上，与伙计们的齐心协力是分不开的。

乔致庸的身股变革，成功地解决了员工四年学徒出师后就走人的恶性惯例，不但马荀不走了，大家都不走了。他们为什么又不走了？身股的吸引，干活不仅是给东家干，还是给自己干。作为东家，乔致庸之所以愿意把一部分利润分给部分伙计，是因为他还可以从这些人身上获得更长远、更多的利润，他是非常乐意的。因为虽然在工资成本上增加了，但是乔致庸得到的更多。

乔致庸是用"身股制"保证了伙计的忠诚，把一批一批的优秀伙计变成了外姓的自家人。这种"身股制"实质上是长期利益分配的激励机制，它调动的不是一阵子的积极性，而是一辈子的积极性。因为员工一旦顶上了股份，个人的利益就与企业的经营效益紧密联系起来了，企业效益好了，自己才会得到更多的好处。这样就有效地激励了员工的工作热情，也增强了企业的凝聚力。

在这方面，慧聪集团就做得既慧又聪。在掌门人郭凡生看来，现代企业不是由一位企业家来掌控的，而是由一个企业家团体来掌控的，所以中国的家族企业应该学习乔致庸，**给非家族员工"身股"，让不是亲人的职业管理者胜似亲人，与企业共成长**。因此，在慧聪国际资讯上市之前，郭凡生启动了"身股制"。他规定，在受益方面，任何股东的分红不得超过红利总额的10%，并且所有股东的分红总额不得超过总红利的30%，而每年70%的红利都要分给公司内不持股的员工。

当然也有做得不好吃了大亏的。当年的"标王"胡志标，创立了**爱多VCD**，贡献最大。但是，贡献大不等于权力大，陈天南的发难就证明了这一点。陈天南很少参与爱多的经营，却能发难胡志标，为什么？凭的是他在爱多45%的股权。爱多的股权太集中了，爱反倒不多了，当陈天南与益隆村联合起来的时候，其所持股权远大于胡志标手上45%的股权，胡志标除了愤怒别无良策，最终被迫让出董事长和总经理的位子。

我们看到，不管是乔致庸，还是郭凡生，乃至于胡志标，股权都对他们产生了深远的影响。很显然，乔致庸和郭凡生虽然是分散了股权，却是促进了对企业的掌控，让所有员工都能齐心协力，共同促进企业发展。而胡志标也是分散了股权，却给了别人以可乘之机，失了权位，结果败在了股权上。所以，**解决好股权分配问题，一好百好；解决不好股权分配问题，一损俱损**。

作为企业的一把手,都希望能够掌控企业的未来与发展,不希望被架空。那么,怎样才能避免这种"篡权"呢?其实很简单,**权力就是实力,股权就是实权**。没有股权,生存能力都有可能被夺取,更谈不上去慑服别人,胡志标的失威就在于他没有手执利剑。所以,**如果说商场如战场,那么拥有股权就是手握兵权**。要想掌控有方,就要懂得股权设立的原则。那么,都有哪些原则呢?在我看来,股权设计要懂得以下五个法则。

2+3<1 法则:即控股法则。一位企业领导者在分散股权的时候,必须要让二股东三股东也分散股权,要保证就算他们两个加起来,也没有大股东的股权多,这是一个很重要的法则。

高吸低出法则:即入股法则。企业在高利润回报期间,吸纳员工入股,在亏损期间不宜吸收入股。

两权分离法则:即赠股法则。赠股有时也叫干股,即采取低价卖给员工股份的办法,让员工通过自己的能力来获得分红。在这里,占有权和分红权是分开的。

大股优先法则:即决策时,大股东具有优先决策权。

小股优先法则:即利润分配时,小股东具有优先获得利润的权利。

所以,**股权即兵权**,有了实权,兵能为将,将能为帅,帅能为王,王则不怒自威。

制度指南

1. "身股制"实质上是一种长期利益分配的激励机制,它调动的不是一阵子的积极性,而是一辈子的积极性。
2. 给非家族员工"身股",让不是亲人的职业管理者胜似亲人,与企业共成长。
3. 解决好股权分配问题,一好百好;解决不好股权分配问题,一损俱损。
4. 权力就是实力,股权就是实权。
5. 如果说商场如战场,那么拥有股权就是手握兵权。
6. 股权即兵权,有了实权,兵能为将,将能为帅,帅能为王,王则不怒自威。

治理有道：企业大治靠宪章

有一次，在某企业做指导，他们的总裁问我一个问题，他说："杨教授，我们董事长特别关心制度建设，这非常好，但最终的结果却是把人心搞散了、企业搞乱了。"我问他"为什么这么讲？"他给我讲了一个有关报销的案例。

这个企业的员工出差比较多，国内国外去哪儿的都有，差旅费都是要报销的。但是，每个人的花销不一样，即使是同一个人，每次的花销也会不同。所以，他们报销的时候就很麻烦，该报不该报、报多少，没有一个标准，财务也做不了主。没办法，每次都不得不去请董事长签字。原以为这样就可以解决问题，但事实并不是这样，董事长一会儿规定多少钱可以报销，一会儿又说多少钱不能报销，弄得他们很头疼，董事长也很烦。

接着我问他"报销的依据是什么？"他说是"根据现实变化报销。"

他说的没错，确实要根据现实变化，但是，根据现实变化那叫方法，不叫制度。其实，报不报销，要根据原则变化。曾经有这样一个企业，规定了员工出差不得住星级酒店，要住招待所，并且价位不得超过200元，否则不予报销。而另外一个企业规定，中层经理以上职务的员工出差必须住五星级酒店，否则不予报销。为什么？是这个单位有钱，那个单位没钱吗？不是，有钱没钱是看不出来的，事实上，要求员工住招待所的企业比要求员工住五星级酒店的企业还要大，还有钱。但它为什么要这么"抠门"呢？因为这是两家不同行业的企业。

原来"抠门"的企业是一家超市企业，它的理念就是节省每一分钱为客户降低价格。而另一个是做珠宝的奢侈品企业，它的理念就是让它们的珠宝在最富丽堂皇的宫殿出现。所以，企业的高级人员都要佩戴它的珠宝，坐飞机要在头等舱，还要一丝不苟地打扮。这样做就是让那些买奢侈品的人看到，他就是一个活广告。所以，这不是有钱没钱的问题，而是他所从事的奢侈品行业的性质决定的。他就是奢侈品的代言人，而那家超市就是平价的代言人。也就是说，企业的性质决定了财务制度。

为什么人心会散、企业会乱？就是因为领导者没有确定企业的性质，也没有原则。其实，**制度可以修改，但不能瞎改，不是随心所欲，它有自身的逻辑。就像树木一样，基本制度是根，它管主干制度，主干制度管枝叶制度。没有了根，也就成了无根之木。**所以，每个企业都需要有一套基本制度，以实现用制度管理制度。

在一个国家，最根本的制度就是宪法，宪法是制定所有法律法规的依据和基础，没有宪法就很难制定其他法律法规。一个成熟的企业，也必须要有一个基本制度。我们的愿景是什么、发展方向是什么、宗旨是什么、使命是什么，每个企业都会围绕这个制定制度。这套制度就是企业未来的发展方向，企业的基本原则，企业的企业愿景和文化。这就是我们所说的企业宪法，或者叫作企业宪章。企业宪章是什么？企业宪章是企业每一项制度的核心，企业的其他制度都是根据这一企业根本大法制定的。

为什么？宪章对企业运作的理念和基本原则，做出了详细的规定。比如，人力资源制度规定，不培养人的人不予提拔，那么员工的晋升问题就很难去解决，因为晋升指标是没有办法确定的。但当有了一个原则性的规定后，人力资源制度就规定，培养一个三星级的员工，培养两个三星级的员工，或者培养一个四星级的员工会达到什么样的水平。如果没有这样的规定，人力资源制度就不知道怎么去做，这就显示了企业宪章的必要性和重要性。

但奇怪的是，大多数的企业没有这样的"宪法"。在这个情境下，企业的任何一项制度，包括财务制度、人力资源制度其实都是盲目的。

作为企业的领导者，一定要把握好舵盘，设计一套适合发展的企业宪章，这样将有利于企业的长治久安。所以，**一个好的企业家，一定是善于制定游戏规则的人。**

制度指南

1. 制度可以修改，但不能瞎改，不是随心所欲，它有自身的逻辑。就像树木一样，基本制度是根，它管主干制度，主干制度管枝叶制度。没有了根，也就成了无根之木。
2. 企业宪章是什么？企业宪章是企业每一项制度的核心，企业的其他制度都是根据这一企业根本大法制定的。
3. 一个好的企业家，一定是善于制定游戏规则的人。

精品制度范例 1：企业宪章

　　企业宪章，也称企业宪法、企业基本法。它是企业制度规范中具有根本性质的、决定企业性质的基本制度，是企业形成和组织方式、企业的法律和财产所有形式、管理组织等方面的制度和规范。它规定了企业所有者、经营管理人员、企业组织成员各自的权利、义务和相互关系，确定了财产的所有关系和分配方式，制约着企业活动的范围和性质。企业宪章满足了企业发展法制化阶段的需求，体现了企业家的意志。企业宪章的制定过程是企业家系统思考的过程，企业总结经验、完成转型的过程。我认为，制定企业宪章，需要重点解决的问题有以下 20 个。

1. 企业的性质：企业是什么？

　　关于企业的性质，可以从企业由什么样的人组成、是什么性质的角度来表述。比如：

××集团是由把握企业发展规律的优秀企业家、职业经理人和高素质员工所组成的资本与劳动力所有制相结合的大型企业集团。

××集团是由具有独立法人资格的、自主经营、自负盈亏的全资、控股和参股企业所组成的企业集团。

2. 企业愿景：企业前进的方向。

企业的愿景主要解决的问题是：企业要到哪里去？企业的未来是什么样的？目标是什么？为社会创造什么？比如：

丰富人们的沟通和生活。

成为中国最具创造力和影响力的企业。

3. 企业的战略发展领域：企业做什么、不做什么。

关于企业的战略发展领域，可以从企业需要做什么、不要做什么的角度来表述。比如：

××的追求是在数据通信及软件产品领域，以最快的速度满足市场需求、实现顾客梦想，并依靠坚持不懈的执着追求，使我们成为世界级领先企业。

为了使××成为世界一流的设备供应商，基于对未来发展趋势的判断，我们将主动放弃企业的最弱项，聚焦核心及最具成长性的业务。

4. 企业的宗旨：为谁存在？创造什么？

关于企业宗旨，主要表述的是企业存在的目的是什么？创造什么？对社会发展具有哪些贡献？比如：

实现顾客利益最大化，实现所有者权益价值最大化，实现员工与企业共同成长，实现为社会做出贡献的承诺。

企业可以从为客户提供什么样的服务角度来表述。比如：

××是一家全球性公司，通过对可持续性发展的关注与行动，为股东创造经济价值，为客人提供更好的服务体验。

也可以从价值创造的角度来表述。比如：

我们通过提供高品质、高附加值的产品与服务，为客户创造新的价值；通过与员工的共同发展，为员工创造更广阔的成长空间；通过规范经营、理性竞争和持续增长，为股东创造更大的利润空间；通过创造物质财富和精神财富，尽职尽责地为社会做出贡献。

5. 企业的使命：企业存在的理由是什么？

关于企业的使命，可以从创造什么样的价值角度来表述。比如：

为国家创造财富，为客户创造价值，为股东创造盈利，为员工创造机会，为社会创造效益，通过无穷的创想文化，致力提升中国人的生活品质。

也可以从创新的角度表述。比如：

转变发展方式，引领能源革命，改善生存环境，提高生活质量。

也可以从要达到一个什么样的目标角度来表述。比如：

以振兴中华民族印刷事业为己任，成为艺术品印制专家和中国新经济文化产业的开拓者。

也可以从要实现什么样的理想角度来表述。比如：

以科技创新有益人类，以诚信经营赢得尊重。

还可以从企业自身的追求角度来表述。比如：

我们的终极追求是忧国为民，行于至善。公司利润最大化并不是目的，而是实现这一使命的过程和手段。对公司价值观的认同度是公司重要工作岗位任用的必要条件。

6.企业的核心价值观：提倡什么，反对什么？

核心价值观是一个企业本质的和持久的一整套原则，是所有成员都必须信奉的信条。所以，对于企业的核心价值观，可以从提倡什么的角度来表述。比如：

以人为本，以才为要；以新制胜，以诚至远；事求卓越，和谐共生。

也可以从塑造企业的灵魂角度来表述。比如：

开放进取的意识，改革创新的精神，正直诚实的品德，宽宏包容的心态，敢于挑战的勇气，永不言弃的追求，是我们企业的灵魂。

还可以从企业的价值取向角度来表述。比如：

我们坚持"企业意味着盈利，更意味着使命与责任"的价值观。不把盈利最大化作为唯一的目的，在努力获取丰厚利润的同时，承担更多的社会责任。

7. 企业的目标：企业的阶段性任务。

关于企业的目标，可以从企业的总体发展目标角度来表述。比如：

××集团追求实现企业的可持续发展，并确保在行业内的一流地位。在未来10年内，我们的总体发展目标是：有效提高资产质量，全面优化资本结构，实现净资产5年翻一番的迅速增长。同时，提高经济发展质量，在不断提高主营产业核心竞争力的基础上，达到经济形态升级的战略要求。

也可以从企业的战略发展方向角度来表述。比如：

我们的目标是：培育长青企业，成就百年基业，以专业化、规模化、国际化为目标，打造拥有自主知识产权的世界领先的电子信息平台，把××建设成为世界一流的电子商务服务企业。

8. 企业精神：树立什么样的精神风貌和风气？

关于企业精神，可以从尽什么样的责任角度来表述。比如：

××集团是一个富有责任感的企业，尊重客户、善待员工、回报股东、贡献社会是我们最大的责任。企业对员工和社会负责任，员工也要对工作、对企业、对客户和合作者负责任，做到敬业、忠诚、守信。不负责任的员工将被企业淘汰，不负责任的企业将被社会淘汰。

可以从建设什么样的团队角度来表述。比如：

公司倡导内部的团结与合作，从而营造和谐健康的工作环境。公司崇尚团队作战，团队的成功就是个人的成功，团队的失败就是个人的失败。

还可以从创新的角度来表述。比如：

创新成就过去，创新辉煌未来。唯有不断创新，企业才有旺盛的生命力。因此，公司倡导创新精神，鼓励员工的管理创新、组织创新、生产创新、技术创新和服务创新等创新行为，努力营造民主、宽松、和谐的有利于创新的组织氛围与机制。

还可以从员工认同什么的角度来表述。比如：

全体员工应认同和信奉的企业精神是：求实求精，爱岗敬业，团结协作，学习创新，感恩奉献，互利共赢。

9. 社会责任：企业对社会发展有哪些贡献？

关于社会责任，企业可以从对国家做出什么样的贡献角度来表述。比如：

坚持以产业报国和科教兴国为己任，振兴民族工业；以科学发展观为指导，在企业发展的同时，为国家的繁荣、民族的振兴、社区的和谐，以及自己和家人的幸福做出积极的贡献。

也可以从负什么样的责任角度来表述。比如：

对客户负责，不断提供优质产品，及时满足客户需求；对员工负责，充分保护员工正当权益；对投资者负责，为股东创造最大利益；对社会负责，遵守市场竞争规则。

还可以从商业模式的角度来表述。比如：

我们认为，每个人都应有社会责任感，也都有能力履行社会责任。所以，社会责任对于企业而言，不但不是负担，还应当包含在企业的商业模式中，如此才能保证企业的社会责任的可持续发展。我们相信，不管是什么企业，在它的商业模式中，都能够找到自身与社会责任的结合点。

10. 法人治理结构：相关利益体的功能与关系。

关于法人治理结构，可以从集团公司要实现什么样的功能角度来表述。比如：

集团公司的一项重要战略任务是：用好现有人才，引进急需人才，培养后备人才，发掘潜能人才，对能够胜任的高级人才进行有效管理。同时，建立健全科学的考核评价和激励约束体系。

还可以从建立什么样的法人结构角度来表述。比如：

通过完善的授权体系、考核体系及激励与约束机制，建立所有者与经营者的有效分工与合作机制，在明确两者的权、责、利关系的基础上，建立规范的法人治理结构。

11. 企业的领导体制：由谁来领导？怎样的方式领导？

关于企业的领导体制，可以从由谁来领导、以什么方式领导角度来表述。比如：

集团公司经理层是集团公司经营管理决策中心，总经理是集团公司法定代表人。

也可以从组建什么样的领导架构角度来表述。比如：

集团公司形成以企业集团总部为决策层、各专业集团为经营管理层、各成员企业为执行层的三级组织架构。

12. 组织关系：集团公司和子公司是什么管理关系？

关于组织关系，可以从集团公司与子公司的关系角度来表述。比如：

集团公司保障和推进子公司的规范化有效运作。集团公司选派合格的董事和监事组成子公司的董事会和监事会，子公司的董事会和监事会要坚决执行集团公司的决策意志和监管目标。

全国分七个经济大区；经济大区里分省级经济区；省级经济区里分市级经济区；市级经济区里分县级经济区。各经济区的党组织和工会组织，分别由上一级党组织和工会组织直接领导。各经济区按集团确定的机构岗位图和岗位描述进行组织管理，并在集团宪章的指导下开展工作。各经济区在经济上独立核算，自负盈亏。

可以从确立什么样的产权关系角度来表述。比如：

集团公司以产权关系为依据，确定与各子公司之间的管理深度和分权方式。

也可以从集团公司对子公司如何监控的角度来表述。比如：

在不影响子公司正常的经营活动和保证所有者权益的情况下，集团公司对子公司实施监控，控制方式包括股权控制、财务控制、人事控制、制度控制和信息控制。

还可以从对子公司如何管理的角度来表述。比如：

通过强化董事会的决策功能，保证子公司的发展方向和经营目标不偏离集团公司的总体发展战略；通过选派合格的高层管理者，参与子公司的经营管理决策；通过组建高水平的管理团队，实现对子公司的有效经营与管理；通过企业文化的建设和传播，增强子公司员工的认同感和归属感，保持子公司与集团公司的价值观念和行为准则的统一。

13. 股东与员工关系：股东与员工有哪些权利和义务？

股东与员工的关系主要体现在股东与员工的权利和义务方面，可以从股东有哪些权利的角度表述。比如：

股东代表可出任监事；股东出席股东大会，所持相应股份有相应份额表决权，亦可委托代理人出席股东大会。股东有查阅公司章程、股东大会会议记录和财务会计报告，并提出质询的权利。

也可以从员工有哪些权利的角度表述。比如：

每个员工都拥有咨询权、建议权、申诉权与保留意见权；维护自身合法权益的权利；享受集团福利的权利；对集团的经营与管理建议的权利；享受集团职业培训的权利；对认为不公正的事项请求公正的权利。

还可以从员工有哪些义务的角度表述。比如：

遵守国家宪法、法律、法规；遵守集团宪章及其规章制度；维护集团的名誉、利益和财产；维护集团的知识产权，保守集团的商业秘密；不得利用集团的知识产权和商业秘密为本人或其他经济组织及个人谋取不正当的利益；通过干好本职工作为公司目标做贡献。

14. 价值分配：如何分配企业价值？

关于价值分配，可以从坚持什么样的分配原则角度表述。比如：

遵循按劳分配、效率优先、兼顾公平及可持续发展的原则实施价值分配。

可以从价值分配的依据是什么的角度来表述。比如：

依据能力、责任、贡献和工作态度执行按劳分配，依据是否是可持续性贡献执行股权分配。

可以从以什么形式分配的角度表述。比如：

实行按劳分配与按资分配相结合的分配方式，主要分配形式是：机会、职权、工资、奖金、安全退休金、医疗保险、股权、红利、福利、学习培训以及其他人事待遇。

可以从建立什么样的价值评价体系的角度来表述。比如：

遵循价值规律，坚持实事求是，建立并健全客观公正的价值评价体系，以使价值分配制度趋于合理。

可以从分配制度的角度进行表述。比如：

资本是第一生产力，资本的投资者是企业的主人，企业的风险由资本投入者承担，企业的利润按资本投入量分配。公司实行资本所有制和劳动力所有制相结合的分配制度，将劳动者的聪明才智量化为岗位股权，参与利润分配，使之具有资本的属性。

可以从分类分层的角度表述。比如：

针对不同类别的员工，集团实行分类分层的分配制度。员工类别不同，收入不同，并且每类员工又区分为若干分配层次。随着员工工龄的增长，其收入也会随之增加。

也可以从股权怎么分配的角度来表述。比如：

公司的股权分配实行以体现企业与员工利益共享、风险共担，结成企业与员工的利益与命运共同体，增强员工的归属感和主人翁意识，激励员工不断创造优异绩效为宗旨；以在工作中做出持续性贡献的员工为对象；以当前贡献、发展潜力、对企业的认同、责任的承担为标准的分配体制。

还可以从如何激励员工的角度来表述。比如：

坚持以评价考核为基础，以业绩、能力为导向的分配原则，不断完善以物质激励为主、精神激励为辅的多元价值分配体系，提高分配的客观性、公平性、激励性。在公司成长的基础上，提供同行业中有竞争力的薪资标准。

15. 文化理念：企业的经营宗旨、价值观念和道德行为准则。

文化品格。

文化品格所体现的是企业文化的灵魂，一般来说，确定文化品格，可以从企业文化的积累和建设角度来表述。比如：

优良的企业文化是企业发展的内在力量和精神动力。我们重视企业文化的沉淀、积累和发扬，并且要不断地发展、丰富和完善企业文化，使企业文化与时俱进，永葆青春活力。每位员工都有培育、认同、维护、发展和传递企业文化的责任和使命。集团将构建优良的企业文化环境作为吸引人才的重要手段，在增强人才吸引力、凝聚力方面发挥无形作用，增强企业竞争力。

企业理念。

企业可以从企业精神、政治观、哲学观、金融观等角度来表述。比如：

企业精神：为祖国立业，为民众服务，为企业发展求真谛，为社会进步开新途。

政治观：确立"站在最大多数劳动人民的一面"的企业政治观，力求在生产经营活动中始终站在最大多数劳动人民利益的一面。

哲学观：确立"用有限资源成就无限事业"的企业哲学观，力求在落后的地方创立先进的管理模式，在不利的势态中把握有利的时机，在平凡的岗位上锻造出杰出的人才。

金融观：确立"用最小的资本获取最大的资本量"的企业金融观，力求用最少的人力、物力和财力投入，获取经济和社会效益的最大化。

人才理念。

企业可以从需要什么样的人才角度表述。比如：

具有创造力的人，才是企业财富的源泉。

企业可以从以什么态度对待员工来的角度表述。比如：

珍视每位员工，推崇学习创新，培养精英人才，褒奖德才兼备。

也可以从如何合理有效地配置和使用人才的角度表述。比如：

人力资源是企业的第一资源，优秀的人才是企业的第一资本，也是企业可持续发展的根本动力。我们始终坚持不遗余力地引进和留住各类优秀人才，也致力于开发每位员工的特长和潜能。从发现人才到培育人才，从挖掘人才到用好人才，合理有效地配置和使用人力资源。

还可以从战略竞争的视角来表述。比如：

员工是企业之本，人才是企业竞争力之源泉。我们根据企业战略发展的需要和市场竞争的要求，坚持以事业感召人、待遇吸引人、环境培养人、文化凝聚人、发展成就人、感情留住人、制度约束人，不断开发每一位员工的核心技能与特长，使每个员工处于最佳工作状态。

员工意识。

对于员工意识的规定,企业可以从成就意识的角度来表述。比如:

企业的成功构筑在员工的成就之上。我们注重以实际的业绩成果衡量员工的成就,用成就感、归宿感焕发员工的激情和动力。

也可以从危机意识的角度来表述。比如:

居安思危,居危思进,时刻保持强烈的危机意识,时刻关注企业生存与发展的内外环境变化,在不断否定中超越自我,在不断创新中追求卓越,以"置之死地而后生"的勇气跨越成功陷阱。

还可以从竞争意识的角度来表述。比如:

我们遵从市场竞争的客观法则,勇于竞争,善于学习,变竞争压力为工作动力,从而激发员工斗志,促使优秀人才脱颖而出。

16. 制度总则:保障企业健康运行的"免疫系统"。

制度变革。

企业可以从改进和提升企业制度实用性的角度来表述。比如:

我们追求企业制度的变革与创新,从而保持企业制度的超前性,以适应企业和市场的发展变化,并以此获得超额效益。

决策制度。

企业可以从遵循什么样的原则来表述。比如:

建立健全科学的民主决策机制,做到依法决策、民主决策,从而保证决策过程的科学性和决策结果的有效性。

也可以从决策的机制方面来表述。比如：

公司重大事项决策需经最高领导层依据公司的宗旨、目标和政策进行充分的讨论，各级管理机构负责日常事务决策。决策中实行民主制，鼓励不同意见，保证决策的客观性、科学性、合理性和可行性。我们注重决策质量，从贤不从众，并按照规范的决策程序进行决策。决议一经形成，必须无条件强力推进，执行到底，保证决策的有效性。

创新机制。

企业可以从如何提高创新能力的角度来表述。比如：

变革创新是企业发展的内在动力，公司建立持续的创新机制，调动员工的变革冲动和创新激情，鼓励员工立足本职工作开展创新活动。各级职能部门和管理者都应密切关注本部门内的变革新动向，发现创新新视角，总结有效的创新经验，促进和提高企业的整体创新能力。

制度化管理。

企业可以从制度管理体系的构建和完善方面来表述。比如：

构建制度体系，加强制度建设，用制度规范企业经营管理活动，保证企业健康有序的运作和持续发展，并根据企业运营环境的变化不断改进、完善制度体系，确保制度的针对性、科学性和有效性。

17. 管理原则：以怎样的手段、方法来实现管理的任务和目的？

管理理念。

企业可以从奉行什么样的管理理念的角度来表述。比如：

一只船只能有一位船长，否则船员将无所适从。我们奉行"分层管理，依序而为"的管理理念，自上而下，循序管理。

也从要求员工做出什么的角度来表述。比如：

我们要求员工能够适应各种工作环境和岗位，不分行业、不分专业，都能够尽职尽责、优质高效地完成各项任务。以个人的优秀表现和持续的工作业绩实现企业整体的高绩效。

管理思想。

企业可以从其所崇尚的理念角度来表述。比如：

公司崇尚"人尽其才，物尽其用，地尽其利，货尽其畅，策尽其正，资尽其益"的管理思想，力求实现各种资源的优化配置，以使其发挥最大效能。

管理方针。

企业可以从遵循什么准则来实现有效管理的角度来表述。比如：

尺有所短，寸有所长。公司本着"存事去人，赏优罚劣"的管理方针，实事求是地对公司各部门岗位绩效进行评定和对员工进行考核。

管理原则。

企业可以从如何对员工的功勋进行奖励的角度来表述。比如：

公司确立了企业功勋、劳动模范，以及一、二、三等功臣和优秀经理、优秀员工、先进集体和先进个人的企业功勋奖励制度，每年召开颁奖大会，奖励卓越人士和先进集体，以资鼓励全体员工。

可以从对考核末位者如何处理的角度来表述。比如：

公司确立了末位淘汰制度，采取首位晋级，末位降级的激励考核方式，按月进行绩效考核，对年度内累计三次考核末位者，按自动离职处置。

可以从制度约束的角度来表述。比如：

公司崇尚制度条法化，用公开和严谨的制度规定来规范员工行为，以使公司治理和员工行为有法可依，有据可凭，有所适从。

可以从企业领导职务变更的角度来表述。比如：

依照集团宪章的要求，公司三级以上的高层领导每年需向企业相关机构述职，并对三级以上的领导职务每三年进行一次换届，连任者最多不得超过三届。

也可以从企业最高领导有什么权力的角度来表述。比如：

公司董事长对事关企业的重大决策有否决权，并有权提请相关部门进行复议和论证，以维护产权所有者的权益。

还可以从员工的沟通交流方面来表述。比如：

公司设立总裁接待日，定期与员工进行沟通，以使上情下达，互通有无。

管理控制。

企业可以从为什么要控制的角度来表述。比如：

控制的目的就是要保证企业经营行为不偏离经营目标，确保公司战略、政策和文化的统一性。因此，我们将建立和完善文化、制度、流程、目标责任、财务审计和核心员工等方面的管控体系，使企业的各种经营活动都处于受控状态。强调对度的把握，奉行适度原则，防止因过度控制而削弱企业的生机和活力。以不影响企业正常经营为原则，以提高绩效作为判断管控有效的标准，寻求控制成本与控制效果的最佳匹配，尽量减少控制的负面作用。

垂直管理。

企业可以从政委垂直的角度来表述。比如：

公司在党委领导下，对各产业中心、职能部门和经济实体委派专职政委，用以考核各产业中心及各部门法规的贯彻执行情况和营造良好的企业氛围，并对员工进行相关的考核。

也可以从财务垂直的角度来表述。比如：

公司各经济实体财务人员由集团公司统一委派，垂直管理。会计人员隶属于集团财务部，由总裁负责管理，出纳人员隶属于资金中心，由董事会进行管理。

还可以从文秘垂直的角度来表述。比如：

公司设立文秘部，隶属于总裁办公厅，并对各产业中心和经济实体统一委派专职秘书，以规范公司行政行为，强化行政能力，并借助于电脑网络不断提升公司管理水准。

预算管理。

企业可以从预算由谁批准的角度来表述。比如：

公司的预算和决算由预算委员会提交，由公司总裁审议并批准，由财务部负责编制并监督实施和考核实施效果。

质量管理。

可以从企业所需材料的质量方面来表述。比如：

公司对常规性需求的各项材料和商品，在认真考核的基础上，评选优质供应商进行定点、定品进购，以确保所购进材料和商品的品质。

可以从企业的生产质量方面来表述。比如：

公司将不断改进和完善生产工艺和管理流程，对开发的建筑物和生产的产品进行全程质量跟踪管理，以追求卓越的品质。

也可以从企业的服务质量方面来表述。比如：

公司奉行"顾客永远是对的"服务理念，急顾客所急，想顾客所想，以真诚的态度感动顾客，以完美的服务吸引顾客，以精湛的技能赢得顾客。

还可以从制定什么样的质量方针角度来表述。比如：

我们的质量方针是：视质量为企业的生命，将质量控制贯穿产品研发、生产和售后服务的全过程。全心全意为顾客服务，树立品质超群的产品形象和企业形象。

创新管理。

企业可以从树立什么样的创新理念角度来表述。比如：

创新研发人员要有实事求是、敢于创新、不畏艰难、百折不挠的科学精神，善于学习的能力，既专注自我灵感的挖掘，又善于吸收外界先进成果。

也可以从如何实现特色创新的角度来表述。比如：

我们的产品开发遵循市场与研发紧密结合的原则，坚持差异化发展，不断开发适合客户需求的技术和产品，秉承特色优势，通过差异性成果切入目标市场。

还可以从鼓励全员创新的角度来表述。比如：

创新是企业经营中恒久不变的主旋律。我们倡导全员创新精神和创新意识的培养，鼓励全员创新。并努力建立创新激励机制和造就全员创新机制，激发员工的创新意识、健全组织的创新机制和提升团队的创新能力，促进资源模式的创新、商业模式的创新和产品模式的创新。

成本管理。

企业可以从成本与绩效结合的角度来表述。比如：

成本是企业市场竞争制胜的关键因素，所以我们必须建立企业降低成本的有效机制，从研发、生产、营销、服务等全过程控制成本。把降低损耗的指标纳入各部门的绩效考核体系，并且与每个员工的切身利益挂钩，使其自觉降低损耗。

财务管理。

也可以从坚持什么原则的角度来表述。比如：

立足诚信为本，恪守职业道德，坚决不做假账，追求阳光利润。

还可以从建立什么样的财务体系角度来表述。比如：

构建财务集中控制体系，奉行谨慎、稳健、安全、统一的财务政策，贯彻从严、从紧、从实、从细的财务方针，建立和完善各项财务管理制度，推行全面预算管理，健全企业约束机制，加强各部门成本控制意识，形成有效的财务管理体系。

项目管理。

企业可以从如何实施项目管理的角度来表述。比如：

每项任务都要遵循项目管理原则和方法来进行，在项目开始时，进行周密策划精心组织，以使目标方向清晰、责任落实到位、细节特色鲜明、管理规范有效、流程简洁方便。在项目组织中，寻找关键环节作为突破口，集中力量重点攻关。在项目实施中，精益求精、不断改善。在项目结束后，对该项目范围管理的经验教训进行总结。逐步建立并完善一整套规范的项目管理制度，提高项目管理水平。

信息管理。

企业可以从信息管理的目的角度来表述。比如：

在企业内部构建基于现代信息技术的统一迅捷、高效畅通的信息网络平台，提高内部信息资源的积累、分析、共享和使用；对外充分利用企业在互联网上的信息窗口，宣传企业形象与品牌，加强与顾客的联系和沟通，开发和利用信息资源，增强信息时代的适应能力和竞争能力，为未来发展寻找新的机遇。

成长管理。

企业可以从机制建设方面来表述。比如：

企业应建立预警系统和快速反应机制，通过制度规范应对和处理影响公司发展的重大突发事件，确保企业健康有序的运营。

可以从有利于企业什么的角度表述。比如：

进入新的事业领域，应当符合企业发展大局，充分考虑市场前景、竞争程度、投入回报、自身资源优势、风险承受能力等因素对企业的影响。能够顺应技术发展、市场变化、社会发展、经济发展的大趋势，能够实现资源共享、发挥企业整体的综合优势。有利于提升企业的产业核心技术，有利于培育企业的核心能力、增强企业的竞争优势，有利于带动产业结构的优化和强化企业的整体扩张。反对盲目的多元化扩张，反对单纯为规模而扩张，不做超出企业承受能力的扩张。

也可以从风险管控的角度来表述。比如：

企业最大的风险就是不发展、不进步，在高速成长中对风险进行有效防范的最好办法就是企业持续成长。对风险防微杜渐，设立风险预警系统，通过制度规范和沟通疏导等方式化解可能造成风险的矛盾和冲突，有效提高防御风险和应对突发事件的能力。

还可以从擅长什么的角度来表述。比如：

公司注重和不断提升企业核心竞争力，从事自身最擅长的生产与产业经营，并努力将其做到最好。

目标管理。

企业可以从建设什么样的体系角度来表述。比如：

推行目标管理，强化绩效考核。根据企业战略规划、市场需求预测和预期收益合理确定企业经营管理目标，通过绩效考核体系保证各项目标有效完成，建立集计划、预算、统计、信息、评价、考核为一体的综合管理体系。

供应链管理。

企业可以从坚持什么原则和方针的角度来表述。比如：

建立完善的采供系统，坚持以经营计划和生产实际需要确定采供计划，统筹安排采购活动。遵循优质、及时、适用、合理、配套、节约的采供原则，优化采购供应链，降低采供成本，保证采购质量，实现最佳性价比。

沟通管理。

企业可以从打造良好工作氛围的角度来表述。比如：

公司鼓励员工与其他员工、上级与下级之间保持平等的对话与交流，建立宽道窄距的沟通渠道。良好、融洽、坦诚的人际关系与交流沟通，将保持公司和谐、相互信任、共同进步的工作氛围，是团队高效协作的基础，而且使员工及时了解自己工作的得失，不断得到改进。

也可以从以什么方式沟通的角度来表述。比如：

员工沟通渠道主要有会议、媒体、电子邮件、内部论坛、意见箱等。公司为员工提供了及时和充分的信息交流的机会和平台。

监察审计。

企业可以从指导思想的角度来表述。比如：

公司坚持"用人当疑，疑人亦用"的指导思想，以期通过监察审计的常规性程序，规范员工的行为。

可以从离任审计的角度来表述。比如：

公司对职能部门、事业部和利润中心负责人，在职务变动和调整时均须进行离任审计，以使其行为能力有案可查。

也可以从项目审计的角度来表述。比如：

公司对单独实施的相关项目，每年均进行例行审计，及时发现问题和漏洞，提出处理和改进意见，以确保项目的规范性运作。

还可以从财务审计的角度来表述。比如：

公司每年对利润中心的经营状况和成本列支，均进行例行审计，以达到规范经营、科学管理的目的。

18. 经营方针：如何实现经营目标?

经营理念。

企业可以从崇尚什么的角度来表述。比如：

恪守诚信；注重业绩；服务增值；渴望变革。

经营思想。

企业可以从市场导向的角度来表述。比如：

坚持以市场需求为导向，以客户满意为目标，以客户忠诚为宗旨，不断为客户提供满意产品和优质服务，减轻市场压力并将其转化为经营动力，促进企业充分发挥整体资源优势，提高经营效率，谋求长远发展。

也可以从业务开展的角度来表述。比如：

遵循"突出主业、合作共赢、资源共享"的经营方针，集中优势迅速做强主业，并推动业务结构的优化升级；追求与利益相关者共赢，实现利益合理公平分享；强化资源整合，扩大经营规模，实现市场价值最大化。

经营目标。

企业可以从实现什么样的目标角度来表述。比如：

增加销售收入；提升管理水平；降低运营成本；提高经济效益。

经营方针。

企业可以从经营方针是什么的角度来表述。比如：

公司将"鼓足干劲，力争上游，多快好省，只争朝夕"作为企业经营方针，以指导公司经营实践和规范公司的经营行为。

经营原则。

企业可以从采取什么态度的角度来表述。比如：

我们对陌生行业产品或项目的开发采取谨慎态度，以减少和避免因盲目决策而造成的经济损失。

也可以从提高企业竞争力的角度来表述。比如：

在新产品或新产业开发时，应当遵照具有强劲的未来趋势、广阔的盈利空间和众多的消费客户这三项原则，以使公司开发的新产品更具竞争力。

还可以从优先原则的角度来表述。比如：

公司注重机会成本的选择，对具有时效性、机遇性和含金量高的产品或项目将优先予以实施。

经营模式。

企业可以从确立什么样的经营方式角度来表述。比如：

以房地产开发为龙头，以商贸经营为基础，以企业重组为枢纽的三位一体的企业经营方式。

通过产权出让，将公司原有或出资购买的商业房产出让给投资者，以获取现金流量；通过营造市场，并对其进行托管经营的经营方式。

以营造规模性的商品量贩市场为前提，以向经营者出租商铺和出让经营权为手段，从而获取商铺经营收益的经营方式。

也可以从企业重组角度来表述。比如：

开发、商贸、服务、住房、医疗、养老，即把房地产开发、商贸经营与企业重组联动，为职工统筹解决住房、办理医疗和养老保险，在确保被重组企业职工妥善安置的基础上，实现自身低成本、高速度的发展。

还可以从商品营销的角度来表述。比如：

针对目前国内生产能力相对过剩、产品严重滞销的现状，利用企业的品牌优势，通过授权代理和产品贴牌加工等方式，虚拟生产，构建具有本企业特色的立体商品营销网络。

品牌定位。

企业可以从品牌是什么、怎么提升的角度来表述。比如：

企业重视提升品牌，提升企业整体形象，促进销售。品牌是企业的生命，是形象的象征，是企业发展的长远目标。我们要用先进的科技、可靠的质量、丰富的文化和贴心的服务提高产品品牌的附加值。在不断提高品牌价值的同时，充分发挥品牌的影响力、凝聚力和号召力，提高品牌的美誉度，扩大品牌的知名度，增强客户的忠诚度，化无形资产为有形资产，实现企业经济效益和社会效益的双赢。

市场营销。

企业可以从营销理念的角度来表述。比如：

公司崇尚"销售是公司生存与发展的根本"的营销理念，用以强化员工营销意识，以确立市场营销在公司运营中的重要地位。

也可以从指导思想的角度来表述。比如：

产品营销是公司赖以生存和发展的命脉，公司以此作为营销的指导思想，并据此确立其在公司工作中的重要地位。

可以从营销原则的角度来表述。比如：

公司严禁客户赊销产品，以优化商品资源的配置和减少商品资金的占用，防范有可能出现的风险和损失。

可以从如何拓展市场的角度来表述。比如：

我们进行市场拓展的重点在于争夺战略市场，并不断开发潜力巨大的未来市场。不仅要使成熟产品在传统与新兴两个市场取得绝对优势的市场地位，还要使新兴产品快速普及和扩展，获取竞争优势，主导市场发展。

也可以从构建什么样的营销体系的角度来表述。比如：

营销不仅是营销部门的事情，也是企业每一个员工的事情。我们提倡全员营销，重视深度营销，努力发掘市场最真实、最有价值的深层次需求，积极推行全方位营销模式，构建全方位的、立体式的营销网络，全面提高企业的营销力和竞争力。

还可以从营销队伍建设的角度来表述。比如：

我们重视发现、培养和吸引一批高素质的战略营销管理人才，推行一套以客户满意度为导向、以业绩为核心的薪酬激励制度，努力建立一支具有很强团队合作精神的、能够吃苦耐劳拼搏进取的、具有长远发展目标的营销队伍。

服务文化。

企业可以从服务理念的角度来表述。比如：

真诚服务无止境。发扬真诚无限、服务永远的服务精神，坚持以真诚、热情、文明、负责、贴心、放心、规范的服务作风，为客户提供最满意的服务。客户想到的我们要想到做到，客户想不到的我们也要想到做到。以技术提高服务水平，以管理提高服务质量，不仅让客户满意，而且让客户感动。

生产运营。

企业可以从实行什么样的生产运营方针角度来表述。比如：

我们奉行"安全第一，质量第一"的运营方针，结合自身实际采用世界上先进的制造技术和管理方法，建立规范化、标准化、科学化、制度化的业务流程和管理体系。改进并健全产品、工艺、质量和消耗标准，不断提高产品质量，降低生产成本，实现生产效率最大化和运营成本最优化。

资本经营。

企业可以从坚持什么原则的角度来表述。比如：

坚持产业经营与资本经营相结合的基本原则，以产业经营奠定资本优势、以资本经营促进产业升级。企业通过物质资本、人力资本和无形资本的综合营运，充分利用海内外资本市场提高企业整体资产的市场价值，从而拓展融资能力，扩大利润来源，提高资产收益。资本经营应当有利于产业经营向纵深推进，有利于产业做大做强，有利于实现产业经营和资本经营的互动成长，有利于企业发展潜力的提高，有利于企业经营效益的增长，有利于企业组织与文化的协调统一。

国际化经营。

企业可以从如何实现国际化的角度来表述。比如：

我们的事业发展必须具有国际化视野。通过引进海外高级人才，促进思想观念国际化，推进员工队伍建设，提升企业整体素质。通过引入国际化运营模式，学习先进管理方法与经验，完善企业的规章制度，促使企业管理和经营运作与国际接轨。通过引进和应用国际先进技术，优化企业生产经营体系，促进生产技术升级，提高产品的国际竞争力，加速推进市场国际化。

19. 组织架构：对工作任务如何进行分工、分组与协调合作？

组织管理。

企业可以从如何实现组织管理的角度来表述。比如：

重视充分授权与有效监控的统一，积极营造公开、公平、公正的组织氛围。明确工作职责，强化责任意识，健全管理机制，提高执行能力。充分激发部门和员工的创新动力，不断增强企业活力，确保组织健康、高效运行。

组织设立方针。

比如可以这样表述：

组织的设立和健全，必须有利于充分发挥集体的智慧，降低决策风险；有利于强化责任意识，充分履行职能，确保企业目标和战略的实现；有利于确保企业文化与核心价值观的内在统一；有利于促进管理流程优化，提高组织整体反应速度和灵活性，适应内外部环境变化与战略转型要求；有利于提高协作效率，降低管理成本；有利于信息交流，促进资源共享；有利于创新和优秀人才培养，推动企业可持续成长。

组织结构。

企业可以从战略发展的角度来表述。比如：

战略决定结构，结构追随和传承战略，组织结构的设立是为关键业务和新事业生长点服务的。

可以从实行什么设置制度的角度来表述。比如：

公司对单项重大项目的实施，实行事业部制设置，由事业部负责人依据项目实际情况，在其授权范围内自主经营，以增加其市场竞争力并加快项目的实施和运作。

可以从区划设置的角度来表述。比如：

公司按照中国行政区划进行职能管理部门的机构设置，共分为中央经济区、大区经济区、省级经济区、市级经济区和县级经济区等五级经济辖区。

也可以从部门设置的角度来表述。比如：

公司设置董事会、董事长办公室、资金部、监审部、总裁办、招标采供部、财务管理中心、行政管理中心、企业运营中心、房产事业部、贸业事业部、市场事业部、餐饮事业部、重组事业部等。

还可以从产业设置的角度来表述。比如：

公司设置房产事业部、商贸事业部、重组事业部等五大产业部。

岗位职责。

企业可以从坚持什么原则的角度来表述。比如：

坚持以岗定人的原则，根据工作岗位的要求，选聘相应的人员到岗，提倡能者多劳和一人多岗，并借以营造人才快速成长的绿色通道。

也可以从企业管理的角度来表述。比如：

明确清晰的岗位职责是公司管理的重要基础，组织机构确立之后，公司各工作岗位职责的原则描述，就是其岗位职责的纲领。

高层管理组织。

企业可以从组织类别的角度来表述。比如：

公司设置战略委员会、财经委员会和决策委员会等三个专门委员会，以对公司重大经营战略、财经事宜和重大经营决策进行评估论证。

也可以从设立的基本准则是什么的角度来表述。比如：

公司重大经营战略、财经和决策事宜未经相关委员会论证，有关部门不得决策或实施。专业委员会的设置不仅有助于提高公司科学决策的能力，也将为公司的经营管理设置一道安全屏障。

20. 人力资源政策：如何对人才进行有效开发、合理配置和科学管理？

用人观。

企业可以从坚持什么样的用人政策角度来表述。比如：

确立"具有创造力的人，才是企业财富的源泉"的企业人才观，以人为本，力求在生产经营活动中最大限度地调动员工工作热情。

也可以从员工成长发展的角度来表述。比如：

将员工视为企业最宝贵的财富，通过经营人才，提高员工素质和技能，拓展员工发展空间，构建企业与员工长期合作的利益共同体，充分实现企业与员工的和谐共赢，进而提升企业竞争力。

人力资源开发。

企业可以从企业的战略发展角度来表述。比如：

加强对每一位具有核心专长与技能的员工的培养、储备和开发，并根据企业发展战略与竞争的要求，坚持内部培养与外部人才引进并重，建立一支高素质的、具有高度合作精神的队伍，为企业的快速成长和高效运作奠定坚实的人才基础。

招聘与录用。

企业可以从招聘中注重什么的角度来表述。比如：

我们在招聘和录用中，依靠企业的宗旨和文化、成就与机会吸引优秀人才加入。注重人的品格素质，强调实际操作技能和发展潜能，淡化学历和经验对人才的束缚。按照双向选择和择优上岗的原则，在人才的经营中寻求和提升员工的核心竞争力，将合适的人放到合适的岗位，实现人尽其才、才尽其用。

员工培训。

企业可以从设立什么样的培训机制角度来表述。比如：

公司设立"经理培训学院"和"商学院"，对员工的管理能力和专业技能进行全面培训，以期不断提升员工的管理素质和岗位工作能力。

可以从员工和企业的共同发展角度来表述。比如：

员工勤奋的工作不仅可以获得更好的薪酬福利待遇，更可以得到公司适时提供的训练和发展机会，通过系统培训，帮助员工提高业务技能、职业素质和管理水平等工作能力。与此同时，公司鼓励员工积极参加培训，充分利用一切机会，促进公司事业与个人事业的共同发展。

也可以从对经理人团队的打造角度来表述。比如：

公司奉行以人为本的原则，设置职业经理人，专司相关经营管理事宜，以期营造一支招之即来、来之能战、战之能胜的职业经理人队伍。

还可以从员工成长的角度来表述。比如：

公司崇尚"天生我材必有用"的人生信条，注重员工个人职业生涯的拓展，本着公开、公平和公正的准则，对其岗位绩效进行评定，并注重搭建员工成长的绿色通道。

考核评价。

企业可以从进行考评的目的是什么的角度来表述。比如：

建立科学、规范的绩效管理体系，通过绩效管理，有效地传递公司战略，将公司总体运营目标有效分解到所属事业部、子公司、各级部门和岗位，达到在实现公司总体目标的前提下，各级员工持续改善技能、提高效率的目标。同时促进管理的规范化、科学化。通过评价员工的业绩和贡献，为绩效工资和奖金分配提供依据，并为各级员工薪酬调整、职位升降及职位发展规划提供科学依据。

也可以从建立什么样的考核评价体系的角度来表述。比如：

建立以战略目标为导向的考核评价体系，追求高层管理者的结果指标考核与基层管理者的过程指标考核相辅相成。通过强化绩效管理过程和完善绩效管理体系，以考核促改善，发挥考核的促进功能，通过有针对性的培训、辅导，不断提升各岗位的技能水平，激发员工的积极性和创造性，提高企业核心竞争力。

薪酬待遇。

企业可以从实行什么样的薪金制度角度来表述。比如：

公司实行七级五档工资制，按相应岗位确定基本薪金额度，同岗同酬，按岗取薪。

可以从达到什么样的目的角度来表述。比如：

建立规范的薪酬管理体系，提升薪酬的内外部公平性和激励性，从而充分调动员工工作积极性，吸纳和保留优秀员工，令表现优秀的员工得到相应的回报。促进企业发展，实现企业与员工的双赢。

可以从遵从什么样的薪酬原则角度来表述。比如：

建立"对内具有公平性，对外具有竞争力"的统一规范的薪酬管理体系；遵循"以能力定岗定薪、以绩定奖、效率优先、兼顾公平和可持续发展"的分配原则。

可以从薪酬调整的依据是什么的角度来表述。比如：

薪酬分配和调整的主要依据是：岗位的价值、业绩贡献、胜任能力、工作态度与合作精神。

可以从薪酬有哪些构成的角度来表述。比如：

薪酬是指员工各类收入的总和，由岗位工资、技能工资、绩效工资、津贴、奖金、福利等部分构成。其中绩效工资将依据员工考核期的考核成绩实行上下浮动。

可以从薪酬如何调整的角度来表述。比如：

公司每年会对本行业劳动力市场做薪酬水平调查，根据调查结果和公司的发展现状及未来持续发展规划来决定对薪酬标准的调整，以确保其公正合理并具有竞争能力。同时，公司坚持员工以自己的工作表现和绩效来获得收入增加的做法。员工的工作业绩和岗位职责大小是薪酬调整的重要参照因素。依据员工年度综合业绩和技能评估结果实行调整。目的是优先让优秀员工得到晋升和回报，让落后员工得到鞭策。

可以从奖金由什么决定的角度来表述。比如：

奖金是对员工当期业绩的直接回报，主要由员工的个人绩效、部门绩效和企业的自身经济效益来决定。目前公司的奖金主要包括年终奖金、季度奖金、年度评优奖、提案奖、超定额奖等类别的奖金。

也可以从有什么福利的角度来表述。比如：

公司按相应比例为未参加养老和医疗保险的员工统筹办理养老和医疗保险及其他相关劳保福利事宜，以解除员工后顾之忧。

还可以从薪酬保密的角度来表述。比如：

公司实行薪酬保密政策，知情人员以及员工本人不得以任何方式告诉他人有关薪金情况，也不得打听、泄露他人或本人的薪金信息。违反此规定将视为严重违纪，公司将予以辞退。

员工发展。

企业可以从提供了什么职业通路的角度来表述。比如：

我们尊重并珍惜每一位员工，鼓励员工发展，努力为人才创造最大的、更具挑战的、更为广阔的事业发展空间。公司规划了管理系列、业务系列、专业技术系列和操作系列共四条职业发展路径，为员工个人发展提供宽广的平台。员工个人的发展取决于两方面的关键因素：一是员工的工作态度、业绩、能力提升的速度；二是公司发展的速度和规模。

可以从坚持什么聘用原则的角度来表述。比如：

公司鼓励员工努力工作，在出现空缺岗位时，遵循"内部晋升为主、外部引进为辅"的原则，工作勤奋、表现出色、能力出众的员工将获得优先的晋升和发展机会。内部晋升将主要从以下几方面对员工实施综合考核：具备诚信的品质和良好的职业道德；敬业精神、工作能力及考核成绩；具备与晋升职位要求相关的综合能力和培养潜能；达到晋升职务所规定的工作阅历要求。

也可以从轮岗培养的角度来表述。比如：

公司将根据发展需要并结合员工的职业生涯发展规划，适时调整员工的工作岗位，实行轮岗培养；员工也可以根据自己的特长、兴趣、爱好，向公司提出申请，得到公司审核批准后从事新的岗位工作。

还可以从奖学计划的角度来表述。比如：

公司鼓励员工利用业余时间参加学历及非学历进修。入职满一年后的员工获得本职专业技术职称或任职资格证书的，公司将给予一次性奖励以示鼓励。

行政管理。

企业可以从考勤管理的角度来表述。比如：

公司对三级以下员工实行打卡考勤管理，无正当理由不予打卡者按相应规定处置。

也可以从资产管理的角度来表述。比如：

公司行政部门对公司资产进行全权管理，每年末与公司财务部门联合进行清产核资事宜。

还可以从安全管理的角度来表述。比如：

公司行政部应定期对公司各部门安全保卫和消防器材的配置进行检查，并定期组织相关演练，以备不测。

合同管理。

企业可以从法务程序的角度表述。比如：

公司签订的所有合同均由法务部门予以审定，未经法务部审定的合同，相关负责人不得签字认可。法务部对合同条款有重大争议的应提交财经委员会进行复议。

也可以从格式化的角度来表述。比如：

公司对有关建筑装饰、房产销售、商铺托管、商铺租赁等多发性和常规性合同，制定格式化样本，以规范合同管理。

还可以从关键条款的角度表述。比如：

重大商务合同涉及有关交货期限、质量标准、付款方式等关键性条款，未经主管上级和法务部门共同认可，合同当事人不得擅自变更。

档案管理。

企业可以从包括哪些内容的角度来表述。比如：

公司档案，是企业从建立到发展过程中所形成的具有查考价值及归档保存的各种历史性的文件材料，它包括企业在不同阶段生产、经营过程中所发生的重大事件的文字记录。具体表现为：公司章程，董事会文件，技术信息，计划统计，营销、租赁、设备、基建、进出口、采购、生产制造、质量管理、财务、人事、行政、物资等合同协议与管理方面的材料；公司党组织、工会活动资料；公司重大事件的记载材料；国际交流活动方面的材料。

可以从档案管理的原则是什么的角度来表述。比如：

档案管理工作是公司基础管理工作的组成部分，是维护公司经济效益、合法权益和历史真实面貌的一项工作。在档案管理过程中，实行集中统一管理和分级授权管理相结合的原则。

也可以从档案的借阅与使用的角度来表述。比如：

各部门人员借阅本人组卷的档案，可直接到档案室借阅；借阅本部门其他人立卷的档案，需经本部门领导的同意；借阅其他部门档案须经立卷部门领导同意，方可借阅；借阅人借阅的档案，不能转借他人和擅自拆散、抽页、涂画和修改；查阅公司秘密级档案需部门负责人批准，查阅公司机密级档案需总裁或总经理批准，且不得将档案借离档案室。如需借离档案室，需经总裁或总经理批准。

还可以从档案的保密的角度来表述。比如：

档案管理员要严格执行保密纪律，对密级档案材料要加强管理，定期检查，严格执行借查阅制度；任何人不得擅自把档案带出公司，对密级案卷内容不得外泄，凡需携带密级案卷出公司时，需经总裁或总经理批准并具有安全措施；属于密级管理的档案，档案室必须明确标明密级。在档案管理系统中，阅览档案资料要严格设立权限；销毁档案必须严格掌握、慎重审查、销毁时应严格执行监销制度；机密案卷不得复制,不得借出档案室。

保密管理。

企业可以从员工应当做什么的角度来表述。比如:

由于竞争的存在以及员工对公司的责任,每位员工都有保守公司秘密的义务,这种保密义务,不仅限于员工在职期间内,而且在离职或退休后,都应承担这种义务,都不应将有关公司的任何秘密(如薪酬、同事信息、财务数据等)泄露给任何人(公司授权者除外),这体现了员工良好的工作作风和道德操守。若因泄露公司机密给公司带来损失的,除赔偿损失外,公司将依照有关程序进行处分或追究法律责任。

第三章
运营流程:管过程的制度——程序性规范

运行有序：运行有序靠流程

很多老板都会遇到这种情况：每天一上班，找上门来的事情越来越多，尤其是意外事件，一件接一件的，似乎成了日常工作的常态。除此之外，还有无休无止的会议、讨论和沟通等，每天都这样，总是有干不完的工作、处理不完的事情。就算是选择紧急的事情先办，一周结束了，也总能发现一大堆待办事项，因为好像所有的事情都很紧急，不知道该做哪一件才好。

其实，出现这样混乱的问题，不只是选择的问题，更重要的原因是工作没有计划性。在工作中，大多数人不习惯制订工作计划，这不是一个好习惯。也可能是制订了计划，但你发现，很多计划内的事情根本没有做。这也并不奇怪，因为你没有一个完整的工作流程，再加上计划又与流程脱节，所以工作也就无法顺畅地进行下去了。

虽然很多人都知道计划的重要性，但总是认为没有时间。其实，没有时间只是表象，更深层次的原因是流程的混乱，这在很多企业里都普遍存在。那么，怎样从根源上解决这个问题呢？最好的办法就是建立适合自己的业务流程。就像流水一样，有了水渠，水流就有了方向；没了渠道，也就没了方向，水就流成了一片。所以，**开闸放水，水流有序，一定要先有渠道；开工做事，工作有序，一定要先有流程。**

那么，什么是流程？《牛津词典》里把它定义为一个或一系列连续、有规律的行动，这些行动以确定的方式发生或执行，导致特定结果的实现。而达文波特给出的定义是，企业流程是跨越时间和空间的有序的工作活动，它有始点和终点，并有明确的输入和输出。这两个定义都强调了工作的有序性，并且有明确的预期和对结果的度量。因此，简单来说，**流程就是做事的顺序**，或者说多个人员、多个业务有序的组合。它更多的是强调执行，以达成个人或企业确定的目标和结果。

从这个角度来讲，我们会发现，我们每天都在和流程打交道，只是没有用"流程"这个词来表达而已。比如，不管是生活还是工作，我们每做一件事心里都有一杆秤，先做什么、再做什么、最后做什么，都有先后顺序。除此之外，我们还经常说某某人能办事、某某企业做事很有效率等。这说明了什么呢？他们做事的方法比较好，业务流程也比较清晰。所以，我们讲，**为什么做的问题，交给领导来解决；谁来做的问题，交给职责来解决；怎么做的问题，交给流程来解决。**

在企业里，流程的运用非常广泛，基本上大多数的企业都是以流程为基础来进行运作的，所以，企业里存在着形形色色的、难以计数的、大大小小的流程。但具体来讲主要有两种流程比较实用。一种是一本标准化的操作手册，就像作业指导书，按照部门工作程序，规定了每道工序、每个工作环节的工作标准。另一种就是工作流程图，或者叫业务流程图。业务流程图一方面用来反映每个流程中各业务之间的关系，另一方面用来反映各流程之间的关系。时至今日，流程图已经发展到了第三代。

第一代流程图是直线型的，主要是反映单个流程中各业务的组成及业务之间的逻辑关系。比如社会保险办理程序，从入职、投保、银行扣款、投保款资变动直到最后的退职、登录备查，它都是以时间的先后顺序或者依次安排的事项来制定业务流程，但整个流程的每个环节之间是不发生关系的（如图3-1所示）。

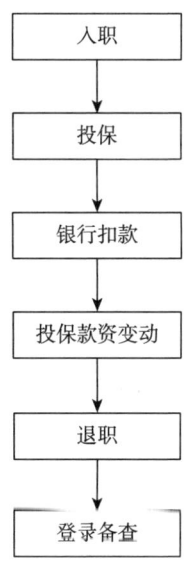

图3-1　社会保险办理程序

第二代流程图是回路型的。如果直观地看，有点类似直线型的流程图，但不同的是它不是一条路到底，而是会有循环。比如客户服务流程，由客服系统搜集客户信息，然后由客服代表对所有的客户信息进行整理，整理好之后交给客服部进行信息分析，并将分析结果报总经理批示，总经理做完决策还不算结束，还要把决策结果反馈给客服部，然后由客服部安排执行（如图3-2所示）。

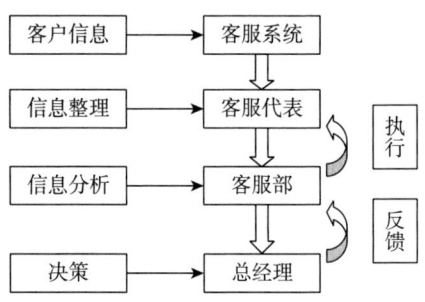

图3-2 客户服务流程

第三代流程图是多维型的，也就是说，每一个部门之间都会有交叉关系。比如研发经费申请流程，首先由科研项目单位申报科研项目，然后由科技办审核并通过之后报总经理审批，审批签字后，由财务处付款给科研项目单位，最终由科研项目单位执行科研项目。在这个流程图中，它不仅有了时间概念，还有了循环，更重要的是有了责任概念，也就是说，负责每个环节的部门要承担相应的责任，对本环节的业务负责。所以，它不同于第一代、第二代的流程图，并且比前两代流程图更加科学有效（如图3-3所示）。

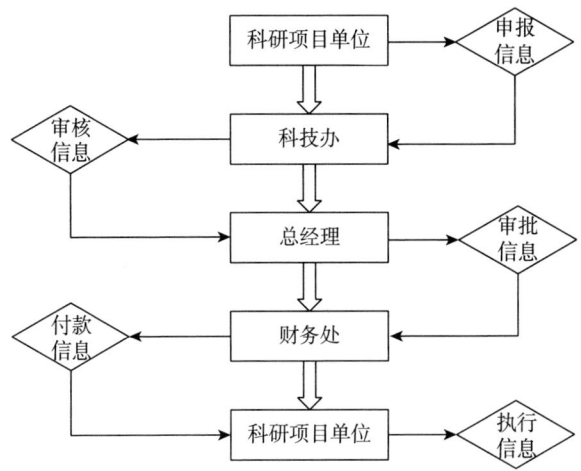

图 3-3 研发经费申请流程

> **制度指南**
>
> 1. 开闸放水，水流有序，一定要先有渠道；开工做事，工作有序，一定先有流程。
> 2. 流程就是做事的顺序，或者说多个人员、多个业务有序的组合。它更多的是强调执行，以达成个人或企业确定的目标和结果。
> 3. 为什么做的问题，交给领导来解决；谁来做的问题，交给职责来解决；怎么做的问题，交给流程来解决。

精品制度范例 2：业务流程图

企业的业务流程是由不同的人为了完成同一项任务，或者达到某种特定的发展目标而共同完成的一系列活动。它不仅包括了时间序列上的先后顺序限定，也包含了空间序列的合作。另外，工作的内容、方式、责任等，在流程图中也都会有明确的安排和界定，以使得不同的工作内容在不同岗位角色之间可以有效地进行。所以，为什么有很多企业内部打乱仗，在很大程度上就是由于部门协调不清晰，部门之间不知道在哪个时间段介入而导致的。而业务流程图的完善，恰恰可以很好地解决这一问题。

目前，较为流行的流程图大多是第三代多维型流程图，可以表现为矩阵式流程图，它的优点就是可以同时说明业务、工作的流程，还可以在流程中明确各自的分工和职责，业务流从上到下，看起来一目了然，在实现流程自动化的同时，也实现了团队之间的合作。所以，大多数企业的业务流程图都以矩阵式流程图为主。

那么,矩阵式流程图怎样制作呢?一般列好纵横坐标之后就很容易了。通常它的横坐标表示部门或者岗位,是一个空间顺序;纵坐标是时间顺序,表示先做什么事、后做什么事。所以,矩阵式流程图既解决了由谁来负责的问题,也解决了先做什么、后做什么的问题。

具体来讲,企业主要的业务流程包含了采购、生产、销售等活动。比如采购,先由采购员收集信息,并进行询价、议价,然后由主管部门做出订购决定,通过协调与沟通之后进货验收、整理付款。所以,制作成流程图,可以根据各部门在不同业务时间段的作用来设计(如图3-4所示)。

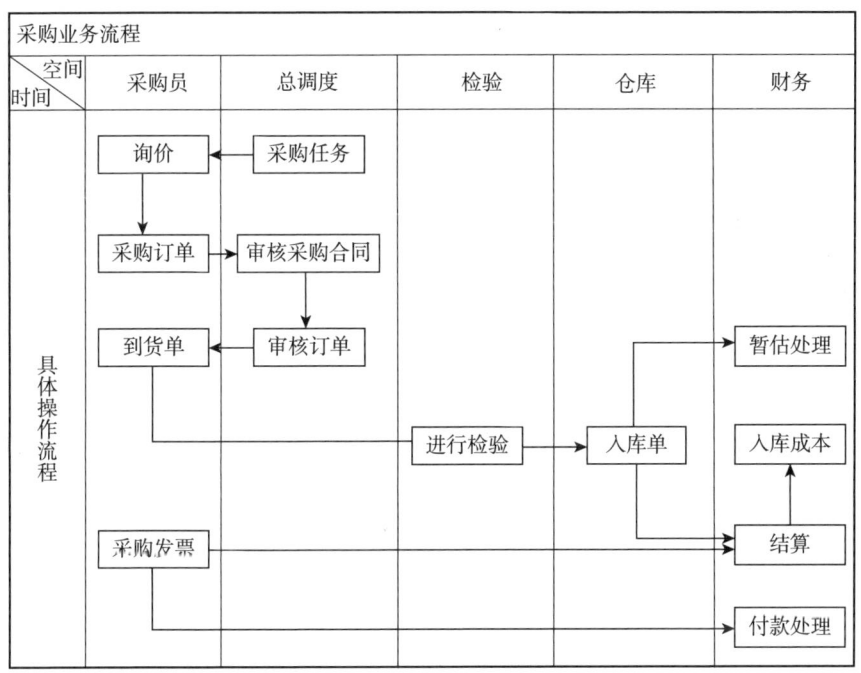

图3-4 采购业务流程图

一般的生产流程,是连续对产品进行加工的过程。所以,生产流程图是生产过程的每个环节在时间和空间上的一种重组,空间上是各个部门的合作,时间上是各个生产环节的排列。比如可以这样设计(如图3-5所示)。

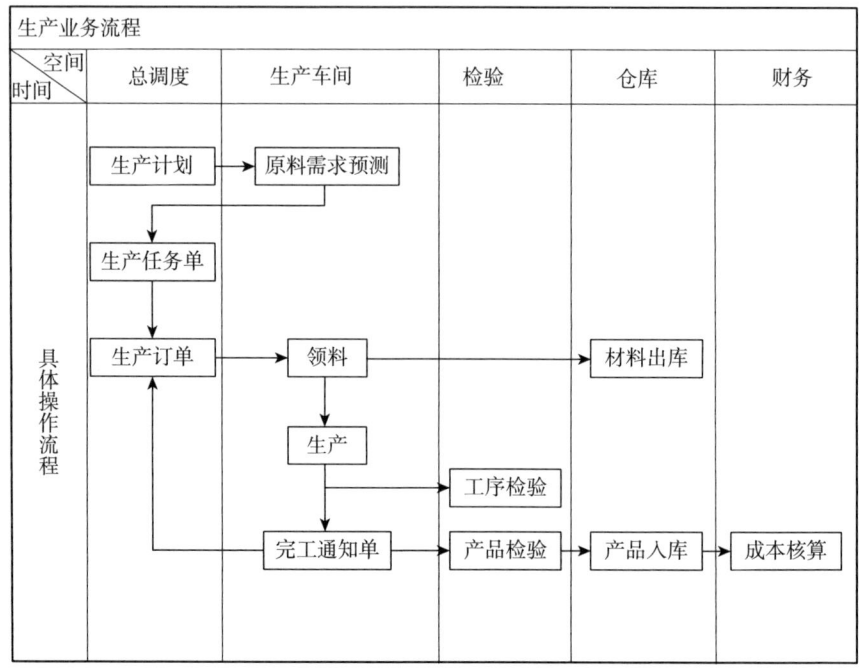

图3-5 生产业务流程图

销售是一个以商品价值满足客户特定需求的过程。所以,从这个方面来讲,销售流程的设计要从客户需求入手,结合产品特性进行有效沟通,最终达成交易。以流程图的形式来描述(如图3-6所示)。

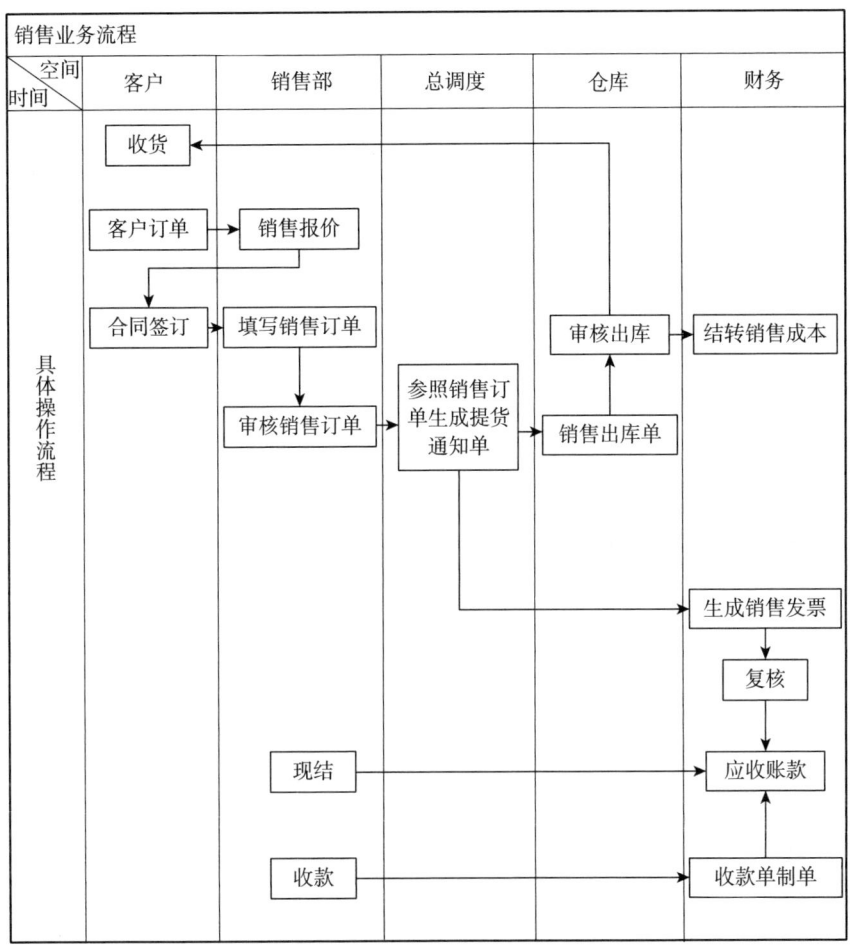

图 3-6 销售业务流程图

第四章
业务规范：管行为的制度——业务性规范

业务有方：业务不乱靠规范

有规范是团队，没规范是团伙。比如很多人都知道，厨子不一样，做出来的食品味道也不一样，可麦当劳就不这样。你在世界哪个角落，只要是在麦当劳，不管是哪个师傅做、在哪儿做，食品的味道包括外形都是一模一样的！为什么麦当劳可以全世界一个味儿呢？道理很简单，标准化、规范化的操作。

在麦当劳，有一本很厚的《管理手册》，详细规定了两千多种制作标准和规范。除这些规定外，还要有计时器规范操作。肉饼一放上煎炉，计时器便开始工作。多少秒后发出第一次鸣叫，提示操作员应立即用压肉锤重重地压肉，让肉汁均匀渗透，使肉色更加诱人。当计时器发出第二次鸣叫时，操作员必须把肉饼翻个身。多少秒后，计时器发出第三次鸣响，表示肉饼可以起锅了。另外，起锅的方式也是标准化的，操作员用规定的锅铲，每次铲出两片，放在事先准备好的面包上，然后把保存在保温箱的面包盖在上面。这些规定在各地的连锁店中必须严格执行，并且公司每年会进行两次严格的检查。

从这些规定中我们可以看到，无论是食品采购、产品制作、烤焙操作程序，以及炉温、烹调时间等，麦当劳每个步骤的操作都遵从严谨的高标准。在这个操作过程中，每一步都有明确的标准化、规范化动作，每位员工都知道自己该做什么、怎么做，所以，任何个人的判断力和经验都是多余的。正像麦当劳的工作人员所说的："我们的质量管理确实相当严格，从一粒冰块的大小、形状，到放入纸杯和持杯的方式以至倒入饮料的方法，都有明确的规定，以保证最高的质量和最好的效果。"

了解了麦当劳的做法，我们需要思考的是，企业为什么要制定这些系统性与专业性统一的规范和标准？就是为了要求员工在职责行为中按照相关规范与标准来统一行动。那么规范是什么？**规范是明文规定或约定俗成的标准，可以由企业正式规定，也可以是非正式形成的行为标准。**

规范本身就是制度，但更是制度的延伸，比制度更细化。所以，**企业的每一个环节都需要有细化的业务规范和操作标准，以此来规范员工的行为。**尤其是跨单位、跨部门、跨岗位的工作，更需要建立起一套完整、科学的作业、操作规范体系，使管理中的每一道程序、每一个动作、每一个过程都能达到规范化操作。

如果没有统一的规范性的管理制度，所有的行为都将是混乱的，就像厨师炒菜一样，一个人一个做法，一个人一个味道。这种情况炒菜可以，但做企业就不行了，企业很难在管理制度体系下正常运作，更别说实现发展战略。所以，规范员工行为是企业实现可持续发展的必要手段，不仅可以提升员工素质、约束员工行为，还可以使全体员工行为步调一致。并且要使这种一致形成习惯，就像要求内外部文件都遵循统一的格式一样，时间长了，形成习惯了，即使在没有约束的情况下，也会保持一种规范化、专业化的风格。

所以，**规范性制度不是简单地对企业组织运行的活动和过程制定具体的行为标准，更深层次的是贯彻一套完整的价值观念体系，使员工把操作变成习惯**。即便是素质较低的作业人员，或者刚入职不久的新员工，只要严格按照既定规范动作操作，完全能够养成良好的作业行为习惯。就像亚里士多德说的："人的行为总是一再重复。因此，卓越不是单一的举动，而是习惯。"

在这一点上，有人曾经做过一项研究，结果表明，3周以上的重复会形成习惯；3个月以上的重复会形成稳定的习惯，即同一个动作，重复3个月就会变成习惯性动作，形成稳定的习惯。由此我们会看到，在一个人一天的行为中，大约只有5%是属于非习惯性的，而剩下的95%都是习惯性的。所以，**在企业中，真正管理业务的不是管理者，而是员工用自己的习惯来管理自己，而这种习惯的起点，就是业务规范。**

> **制度指南**
>
> 1. 有规范是团队，没规范是团伙。
> 2. 规范是明文规定或约定俗成的标准，可以由企业正式规定，也可以是非正式形成的行为标准。
> 3. 企业的每一个环节都需要有细化的业务规范和操作标准，以此来规范员工的行为。
> 4. 规范性制度不是简单地对企业组织运行的活动和过程制定具体的行为标准，更深层次的是贯彻一套完整的价值观念体系，使员工把操作变成习惯。
> 5. 在企业中，真正管理业务的不是管理者，而是员工用自己的习惯来管理自己，而这种习惯的起点，就是业务规范。

精品制度范例3：员工行为规范

员工行为规范，是员工工作所依据的规则和标准，也是每一位员工都应遵守的行为准则。几乎在每一个企业里，都会有一些行为准则来指导员工的日常工作与行为，以使得企业员工明白什么是"应该"、什么是"不应该"，哪里是禁区、应该注意什么等。所以，这种规范是带有明显的导向性和约束性的，以此来促使员工的行为与习惯符合企业期望的方向和标准。制定一套好的员工行为规范，需要明白以下几个问题。

1. 允许做什么？

关于允许做什么，一般是企业支持的一些行为或工作。可以从创新的角度表述。比如：

不断发展创新，探索新思路、新方法、新途径，创造性地开展工作，更好地服务企业发展。

可以从学习什么的角度来表述。比如：

积极学习先进的科学文化知识，不断提高自身的思想文化素质和工作能力。

可以从提高工作效率的角度来表述。比如：

爱护公物，人人有责，注意保持清洁、良好的办公环境，提高工作效率。

也可以从如何对待工作任务的角度来表述。比如：

服从命令，听从指挥，团结合作，主动负责，按质按量如期完成上级交代的各项任务。

还可以从参加哪些活动的角度来表述。比如：

积极参加公司组织的各种集体活动和会议，积极参加有益身心健康的各种文体活动。

2.不允许做什么？

关于不允许做什么，企业可以从怎样工作的角度来表述。比如：

当天工作当天完成，不得无故拖延。因故不能正常工作的，必须及时请假。

可以从怎样对待同事的角度来表述。比如：

不许说脏话，不许取笑、辱骂或打伤同事。

可以从如何对待客户的角度来表述。比如：

不许怠慢客户；不许以任何理由顶撞、嘲讽或挖苦客户；不接受客户的礼品、宴请，更不准私分或私拿礼品。

可以从保护工作环境的角度来表述。比如：

不许在公司内破坏个人卫生和环境卫生，不许吸烟、随地吐痰、吃东西、干私活；不许在工作场所大声喧哗、打打闹闹。

可以从不能从事什么样经营活动的角度来表述。比如：

员工不得超越本职业务和职权范围开展经营活动，特别禁止超越业务范围和职权从事相关业务。

员工除本职日常业务外，未经公司法人代表授权或批准，不能从事下列活动：

①以公司名义考察、谈判、签约；

②以公司名义提供担保、证明；

③以公司名义对新闻媒介发表意见、消息；

④代表公司出席公众活动。

可以从管理者需要履行哪些职责的角度来表述。比如：

管理者行为规范以国家的法律、法规和公司的规章制度为依据，自觉履行守法经营、廉洁、勤勉和保密的义务，不得违反以下各项规定。如有发现，或者造成直接经济损失及给公司造成不良影响的，不仅扣其当期业绩考核得分，而且必须承担相应的法律责任。

以下行为被界定为本公司违反履职规范的行为：

①自营或为他人经营与本公司同类业务的行为。

②为自己或代表他人进行买卖及从事与公司利益有冲突的行为。

③占有公司财产或公款私存的行为。

④挪用公司资金或借贷他人的行为。

⑤未经董事会同意，为他人提供担保的行为。

⑥泄露公司商业和经营机密的行为。

⑦利用职权行贿受贿或取得其他非法收入的行为。

⑧因决策失误或违法乱纪，给公司造成重大经济损失的行为。

⑨有意造假账、隐瞒收入、虚报利润等弄虚作假、造成公司损失的行为。

⑩玩忽职守，导致企业发生重大安全事故，给公司造成重大损失、给员工生命造成危险的行为。

可以从有哪些违规类别的角度来表述。比如：

一般违规：指有充分的证据表明违反履职规范，但未造成直接经济损失、危害人身安全和造成重大不良影响的行为。处罚措施有当期考核扣分5分、由直接领导或者上级机构予以警告并定期改正。

重大违规：指有充分的证据表明违反履职规范，且已造成了直接经济损失、危害人身安全和造成了重大不良影响的行为。处罚措施有当期考核扣分 10 分、停职检查或者解除聘任职务，情节严重的需要承担相应法律责任。

可以从企业利益保护的角度来表述。 比如：

员工不得利用内幕消息，在损害公司利益或者处于比公司以外人士较为有利的情况下谋取个人利益。

员工不得挪用公款谋取个人利益或为他人谋取利益。

员工不得用公款购买各种俱乐部会员卡或者供自己个人消费。

员工在与业务关联单位的交往中，应坚持合法、正当的职业道德准则，反对以贿赂及其他不道德的手段取得利益。未经所在单位负责人书面批准，也不得在有可能存在利益冲突的业务关联单位安排亲属、接受劳务或技术服务。

也可以从如何交际应酬的角度来表述。 比如：

公司对外的交际应酬活动，应本着礼貌大方、简朴务实的原则，不得铺张浪费。严禁涉及违法及不良行为。

公司内部的接待工作，提倡热情简朴，不准以公款搞高标准宴请及娱乐活动。

员工在与业务关联单位的联系过程中，对超出正常业务联系需要的交际活动，应谢绝参加。包括：

①过于频繁或奢华的宴请及娱乐活动；

②设有彩头的牌局或其他具有赌博性质的活动；

③邀请方的目的明显是为了从我方取得不适当利益的活动。

还可以从保护公司资产的角度来表述。比如：

员工未经批准，不准将公司的资金、车辆、设备、房产、原材料、产品等擅自赠予、转让、出租、出借、抵押给其他单位或者个人。

员工对因工作需要配发给个人使用的交通工具、电脑等，不准违反使用规定，作不适当之用途。

3. 提倡什么？

企业可以从坚持什么样的理念角度来表述。比如：

坚持以人为本，倡导全局观念，维护整体利益，共享发展成果。

可以从应该具备什么样的职业道德角度来表述。比如：

公司倡导守法、廉洁、诚实、敬业的职业道德。因违反职业道德，给公司造成经济损失者，公司将依法追索经济赔偿；情节严重、公司怀疑其涉嫌犯罪的，将提请司法机关追究其刑事责任。

可以从员工应当做些什么的角度来表述。比如：

每个员工都应当具有主人翁意识，通过干好本职工作，扩大职务视野，提高协作水平，为公司做出贡献。

也可以从如何处理突发事件的角度来表述。比如：

鼓励员工在发生紧急突发事件时主动应变，并及时向有关部门汇报。

还可以从责任的角度来表述。比如：

热爱公司，服务社会，具有高度的责任感和使命感。

4. 禁止什么？

关于企业禁止什么，包括两种情况：一种是禁止什么；另一种是严禁什么。严禁做什么和不允许做什么的不同之处就在于，它的程度会更重一些，是企业绝对不允许做的事。

企业可以从保护办公设施的角度来表述。比如：

严禁携带违禁品、危险品进入公司办公区域。

可以从禁止侵占的角度来表述。比如：

严禁侵占、破坏公司或他人财物，严禁贪污和收受他人贿赂。

可以从禁止暴力行为的角度来表述。比如：

严禁以暴力行为威胁、恐吓或殴打同事和上级，严禁偷盗、赌博、卖淫、嫖娼、吸毒等不良行为。

可以从保护企业形象的角度来表述。比如：

严禁员工私下议论有损公司的事情，严禁做出损害公司利益、违反社会公德和违法犯罪的行为，切实维护企业形象。

可以从严肃工作纪律的角度来表述。比如：

禁止弄虚作假、玩忽职守。

禁止工作人员擅自离岗或上班打瞌睡。

禁止泄露公司机密和秘密。

可以从保护人才的角度表述。比如：

禁止蓄意贬低或抬高其他员工；禁止压制和埋没人才。

也可以从能不能做兼职的角度来表述。比如：

员工未经公司书面批准，不得在外兼任获取薪金的工作。禁止下列情形的兼职：

①在公司内从事外部的兼职工作，或者利用公司的工作时间和其他资源从事所兼任的工作；

②兼职于公司的业务关联单位或者商业竞争对手；

③所兼任的工作构成对本单位的商业竞争；

④因兼职影响本职工作或有损公司形象。

还可以从公共资产保护的角度来表述。比如：

禁止员工因私事拨打长途电话。确有急事者在拨打电话后必须按电信部门规定交长途电话费（费用从工资中扣除）。

5. 如何做？

如何做解决的是企业具体操作方法的问题，是一些技巧性的内容，比如礼仪的规范、着装的规范、工作的准则、岗位的规范，等等。

企业可以从办公礼仪的角度来表述。比如：

使用电话注意简明扼要；接听电话应客气热情，以防失礼。

保持整齐、干净、卫生的办公环境，不要在办公区域进食，禁止玩电脑游戏。如要吸烟请到吸烟室。

上班务必举止端庄，不得在办公区域聚众聊天及大声喧哗。

同事间应相互尊重，互帮互爱，语言文明。

公司鼓励员工间积极沟通交流，但不能因此妨碍工作。

上班期间，应坚守岗位，严禁串岗聊天。需要暂时离开时，应知会同事。

对外交往应有礼有节，不卑不亢，礼貌大方，简朴务实。

下班离开前，应先清理自己的办公场所或工作场所，做好5S工作。

可以从工作规范的角度来表述。比如：

按规定时间上下班，不无故迟到、早退等。

热爱本职工作，不擅离职守；对自己的工作负全责，不拖延，不积压。

树立强烈的服务意识，主动、热情、周到地为客户服务，不仅让客户满意，而且令客户感动。

具有坚韧不拔的毅力和高度的敬业精神，有信心和勇气战胜困难、挫折。

善于协调，有团队合作精神和强烈的集体荣誉感，分工不分家。

积极进取、严于自律，持续提升工作技能和技巧，讲究工作方法，提高工作效率。

全心全力执行领导安排的任务，及时将工作执行情况反馈给领导。

因职务关系知悉的有关公司机密，务必尽保密义务。

要有高度的责任心和事业心，处处以公司利益为重，为公司的发展努力工作。

接待来访、业务洽谈应在洽谈室或会议室进行。

接受上级指示时，要深刻领会意图；听取指导时，做好记录；疑点必须提问。

充分理解工作的内容，遵守上司指示的方法和顺序，取得相关部门人员的协助，尽职、尽责，按时完成任务，保证工作质量。

任务实施时，遇到疑问和上司商量；工作到了期限不能完成时，要马上向上司报告，请求提示和帮助；工作经过和结果必须向上司报告。

严格执行工作程序，以预防为主，发现问题及时报告上级主管，提高成本意识，厉行节约，避免浪费。

可以从电话使用规范的角度来表述。比如：

因工作需要，公司为员工配备了办公电话。员工因私事打市内电话应长话短说，不得妨碍正常办公。

工作需要拨打长途电话时，应注意语言简练，长话短说，尽量缩短通话时间，提高工作效率，同时降低费用。

使用电话时，要在电话铃第三次响起前接听。

接电话时，要先说"您好"；使用电话应简洁明了，不要用电话聊天。

使用他人办公室的电话要征得同意。

可以从岗位规范的角度来表述。比如：

遵守上班时间，自觉打卡，不迟到，不早退，有事先请假，不无故缺勤。

出入厂区应主动出示证件，接受检查。

工作中不扯闲话，不打私人电话，不从事与本职工作无关的私人事务。

工作中不离岗串岗。如因需离开岗位，必须征得上司同意，并与同事打招呼。

保持安静，不要在办公区域内大声喧哗。不要在办公区域进食或在非吸烟区吸烟。

养成良好的生活习惯，保证睡眠，消除疲劳，适量参加体育活动，保障工作精力充沛。

可以从计算机如何操作的角度来表述。比如：

在工作时间不得利用计算机进行与工作无关的活动，离开计算机时应设置屏幕保护或关闭计算机。

不得利用国际互联网危害国家及企业安全，泄露国家及企业机密，不得侵犯国家的、社会的、集体的利益和公民的合法权益，不得从事违法犯罪活动。

不得利用互联网制作、传播、查阅违反法律法规或企业规章制度的信息。

不得从事危害计算机安全的活动，不得私自对计算机配置进行修理或者更换。

不得对计算机中储存、处理或者传输的数据和应用程序进行删除、修改或者增加、制作、传播计算机病毒等破坏程序。

可以从着装规范的角度来表述。比如：

员工从进入公司上班的第一天起，一言一行都代表着公司，因此，员工工作时保持整洁的外表是十分重要的，应遵守以下规范：

①仪表端庄，衣着整洁干净、大方、得体。

②周一至周五男士应着衬衫或西装，穿皮鞋，系领带，穿长袖衬衣时不得挽起袖子；女员工衣着得体，不准穿超短裙、低胸衫、吊带背心或衣裙和其他有碍观瞻的奇装异服。任何人不得穿拖鞋上班。

③上班时间佩戴工作牌。

④生产车间或特殊岗位等另有统一着装要求的，按具体着装规定执行。

可以从形象规范的角度来表述。比如：

头发梳理整齐，不染张扬的彩色头发，不戴夸张的饰物。

男职工修饰得当，头发长不覆额、侧不掩耳、后不触领，嘴上不留胡须。女职工淡妆上岗，修饰文雅，且与年龄、身份相符。工作时间不能当众化妆。

颜面和手臂保持清洁，不留长指甲，不染彩色指甲。

保持口腔清洁，工作前忌食葱、蒜等具有刺激性气味的食品。

精神饱满，注意力集中，无疲劳状、忧郁状和不满状。

保持微笑，目光平和，不左顾右盼、心不在焉。

坐姿良好。上身自然挺直，两肩平衡放松，后背与椅背保持一定间隙，不用手托腮。不跷二郎腿，不抖动腿，椅子过低时，女员工双膝并拢侧向一边。

站姿端正。抬头、挺胸、收腹、双手下垂置于大腿外侧或双手交叠自然下垂；双脚并拢，脚跟相靠，脚尖微开。不能在他人面前双手抱胸，尽量减少不必要的手势动作。

走路步伐有力，步幅适当，节奏适宜。

避免在他人面前打哈欠、伸懒腰、打喷嚏、抠鼻孔、挖耳朵等。

可以从语言规范的角度来表述。比如：

语音清晰、语气诚恳、语速适中、语调平和、语意明确，言简意赅。

与他人交谈，要专心致志，面带微笑，不能心不在焉、反应冷漠；用谦虚态度倾听。

不要随意打断别人的话；适时地搭话，确认和领会对方谈话内容、目的。

严禁说脏话、忌语。使用"您好""谢谢""不客气""再见""不远送""您走好"等文明用语。

提倡讲普通话。

可以从社交规范的角度来表述。比如：

①接待来访。

接待来访微笑、热情、真诚、周全。

接待来访热情周到，做到来有迎声，去有送声，问候对方，耐心听取客人的意见。

来访办理的事情不论是否对口，不能说"不知道""不清楚"。要认真倾听，热心引导，快速衔接，并为来访者提供准确的联系人、联系电话和地址，或引导到要去的部门。

②拜访他人。

要事先预约，一般用电话预约；遵守拜访时间，预约时间5分钟前到；如果因故迟到，提前用电话与对方联络，并致歉。

拜访领导，进入办公室要敲门，得到允许方可入内。

用电话拜访，铃声响三次未接，过一段时间再打。

③交换名片。

名片代表客人，用双手递接名片；拿名片的手不要放在腰以下。

看名片时要确定姓名；接过名片后确定姓名正确的读法。

不要忘记寒暄。

可以从会议规范的角度来表述。比如：

事先阅读会议通知，按会议通知要求，在会议开始前5分钟进场。

事先阅读会议材料或做好准备，针对会议议题汇报工作或发表自己的意见。

开会期间关掉手机或调至无声状态、除非紧急情况，不在会场接听电话。

会议进程中，不从事与会议无关的活动，不要交头接耳、看书阅报，不要随意出入，开关门时动作应轻、不砰然作响，保持会场肃静。

得到主持人的许可后方可发言；不得随意打断他人的发言；不要随意辩解，不要发牢骚；发言简洁明了，条理清晰。

认真听别人的发言并记录；保存会议资料。

会议完后向上司报告，按要求传达。

也可以从安全卫生环境的角度来表述。比如：

工作时既要注意自身安全，又要保护同伴的安全。

学习安全知识，培养发生事故和意外时的紧急管理能力。

爱护公司公物，注重所用设备、设施的定期维修保养，节约用水、用电、易耗品。

养成良好的卫生习惯，按照"6S"要求，搞好本岗位工作区域的整理、整顿、清扫、清洁工作，不断提高自身素养。

员工有维护良好卫生环境和制止他人不文明行为的义务。

发现险情及时报告，妥当处理；当企业财产受到损害时，要主动积极参与救治行动，将损失降到最低。

遇到有莫名电话询问公司机要部门或高层人员电话或业务时，应机警处理，不要轻易报出手机号码。

还可以从如何处理人际关系的角度来表述。比如：

诚恳谦逊，尊重他人，注重沟通，加强合作协调，树立团队精神。

诚恳听取上司的意见，积极配合上司的工作。

真诚地对待他人，肯定、赞扬他人的长处和业绩，对他人的短处和不足或有意见应选择合适的时机和场合进行沟通，提出忠告、鼓励；相互理解、信任，建立同事间和睦关系。

虚心接受意见和批评，不要解释和否定错误，不要逃避责任，不要感情用事，认真总结，相同的失败或错误不能有第二次。

6. 为什么这样做？

关于为什么这样做，企业可以从制定业务规范的目的是什么来表述。比如：

正确引导员工行为，对一些不当的行为给予帮助和修正，帮助他们快速适应公司的行为规范要求，规避和减少一些在工作中易出现的细节性的行为过失，从而提高个人素质，树立良好的企业形象。

第五章
机构职能：管组织的制度——部门性规范

行权有章：组织功能靠定位

有一次，我参加一个总裁俱乐部组织的头脑风暴沙龙，在讨论中，有一位总裁提出这样一个问题：在他的企业里，各个部门之间"扯皮"现象很严重，一遇到事情，就互相推诿，搞得企业的运作效率非常低，很多事情都很难落实到位。这个问题让他很头疼，每次都是他亲自来处理，可仍然是解决不了问题。

其实，这个问题，并不是他一个人的烦恼，在很多企业里都普遍存在这样的问题。曾经有一个老板也跟我提过类似的问题，他的问题比这个问题还要复杂一些，不只是相互推诿，还有企业内部打乱仗的问题。怎么叫企业里打乱仗呢？比如，在企业管理这方面，企业文化很重要，所以很多企业都成立了文化管理办公室，指导各部门的文化建设。此时，这个办公室不仅仅有了职权和责任，同时也和其他部门产生了关系，比如指导监察部的文化建设工作，指导人力资源部的文化建设工作等。但是，这种关系又是相互的，文化管理办公室在指导监察部、人力资源部的文化建设工作的时候，监察部也要监督文化管理办公室的工作，人力资源部要考核文化管理办公室的指导工作。

各个部门有自己的职责和权力，但这种职能相对来说也影响了部门间的关系。因为很多时候，各个部门都把本部门当成自己的领地，其他部门是插不进来的。监察部会认为自己是管督查的，文化部管不着我；人力资源部认为自己是管人事考核的，文化部也管不着我。由于部门职能划归不清，导致部门与部门之间"扯皮"的现象在企业中屡见不鲜。

部门之间之所以矛盾频发，原因就在于机构的责任与权力划分不清。一个部门扮演着多种角色，和其他部门之间就形成了复杂交错的关系。虽然很多时候矛盾是不可避免的，但我们又必须把不可避免的矛盾解决掉，不能让企业里打乱仗。怎么办？答案是：设计好各个部门的职能，使其行权有章。

部门之间的职能分工不明确，定位自然也就不明晰，权力的行使必将是混乱的。这和法律一样，没有刑法就无法行使刑事裁判权，没有民法也不能行使民事裁判权。没有一个权力范围，做起工作来也将是混乱的。所以，国家的一切行为都要有法可依，那么企业是不是也要有法可依，有章可循呢？当然是需要的。

很多企业内部打乱仗，一是无章可循，二是有章不循。这个"章"是什么？从企业部门管理的角度讲，就是部门的职能。职能定，企业兴；职能乱，企业乱。所以，要想企业和谐，一定要保证企业各部门和谐。这个时候，对部门的组织功能，或者职责权力需要有一个清晰的定位。

职能是什么？基本上来讲，是人和事物及机构所应有的作用与功能。**对企业而言，职能就是企业各部门所承担的职责、拥有的权力、起到的作用**等。所以，你是什么部门，就需要有什么样的功能，根据功能规定相应的职责和权力，你能做什么、不能做什么、和其他部门是什么关系就很明确了。所以，**职能划清，领导轻松；兵尽其责，将令畅通。**

> **制度指南**
>
> 1. 很多企业打乱仗，一是无章可循，二是有章不循。
> 2. 职能定，企业兴；职能乱，企业乱。
> 3. 对企业而言，职能就是企业各部门所承担的职责、拥有的权力、起到的作用等。
> 4. 职能划清，领导轻松；兵尽其责，将令畅通。

用权有度：先给领导立规矩

在很多民营企业里，老板就是企业的主人，所以往往表现得非常强势，说一不二。曾经有一位职业经理人向我诉苦，说他的老板很没谱，太自以为是，想怎么着就怎么着。比如，开会的时候，老板感觉谁说得不好，就会劈头盖脸地痛批一顿；谁干得不合他的意，也是一顿吆喝，弄得员工很难堪。就算是员工说的是对的，老板的意见是有问题的，他也会坚持自己的看法，弄得员工很难做事。所以，员工们怨声载道，甚至认为在他手下做事是一件很痛苦的事情。

这样的现象在企业里并不少见，很多的企业家也意识到了这个问题，也很想改变这种现状，但是，很多时候，又会下意识地犯老毛病。因此，一些人开始思索怎样才能从根本上解决这个问题呢。其实，最根本的解决办法就是给领导立规矩。然而，给员工立规矩容易，给领导立规矩难，领导没规矩的企业想要做好就更难上加难。

我们常说，其身正，不令而行。但很多老板的自我约束能力是很差的，所以一定要有制度来约束限制，才会领导得好。

可能有的人会问，老板会愿意给自己立规矩吗？大多数老板是不愿意自己的权力受到限制的，但是，**权力过了度，就如同汽车刹车失灵，以致横冲直撞，最后不仅会车毁，而且会人亡**。所以，即使不愿意受约束，为了企业的发展也必须这么做。虽然有难度，但也不是做不到。就像英国国王查理一世，权力至高无上，但是他一意孤行，结果英国爆发了革命，查理上了断头台，英国改行了君主立宪制，国王的权力就被制度化了。

企业也一样，也需要给领导者"立宪"，有了规矩，用权才有度。给领导立规矩是企业管理的需要、企业发展的需要。很多企业缺少健全的制度来约束领导的权力，以致很多领导者很随便，权力使用也很随意。要么是专权，将一切权力集中于自己手中，无论大小事，个人说了算，独断专行；要么是越权，越过自己的职权范围，决定或处理本不属于其职权范围内的事；要么是滥用权力，私用权力，搞特权。没有制度的管理是混乱的，没有约束的权力是泛滥的，这样做不是把企业搞活了，而是把企业搞疯了，最后把企业搞死了。

让领导用权有度，就要对领导的职责和职权范围，做出明确、严格的界定，使其各司其职、各负其责、各行其权。所以，企业的制度要重视，领导者的制度也不能忽视，这是对企业、对领导都有益的事情。当然，权力如水，可以为害，也可以为利。给领导立规矩，并不是剥夺领导的权力，而是为权力之水修筑堤坝，变"权害"为"权利"。

同时，还可以有效防止因权力过度而导致的内部腐败。

> **制度指南**
>
> 1. 给员工立规矩容易，给领导立规矩难，领导没规矩的企业想要做好就更难上加难。
> 2. 权力过了度，就如同汽车刹车失灵，以致横冲直撞，最后不仅会车毁，而且会人亡。
> 3. 企业也一样，也需要给领导者"立宪"，有了规矩，用权才有度。
> 4. 没有制度的管理是混乱的，没有约束的权力是泛滥的，这样做不是把企业搞活了，而是把企业搞疯了，最后把企业搞死了。
> 5. 对领导的职责和职权范围，做出明确、严格的界定，使其各司其职、各负其责、各行其权。
> 6. 权力如水，可以为害，也可以为利。给领导立规矩，并不是剥夺领导的权力，而是为权力之水修筑堤坝，变"权害"为"权利"。

精品制度范例 4：部门职能

一个企业，由很多的部门组成，比如董事会、人力资源部、行政部、财务部、市场部、客服部、研发部、采购部等，这些部门的设立都是为了保证企业能够有效运转。所以，每个部门本身都具有一定的功能或作用，如管理、协调、策划、实施等。这些功能对于发挥集体力量、合理配置资源、提升个人工作成效，进而提高企业的核心竞争力具有重要的作用。因此，部门职能设计非常关键，能否设计好，将对整个企业能否顺利有效地运转产生决定性影响。那么，要想真正做到"各司其职，各尽所能"，就要对每个部门的具体分工有一个充分的了解。根据每个部门的不同功能，设计部门职能需要关注以下 12 个因素。

1. 指导。

每个企业都会有一个指导型的部门，它的职能就是统一指挥，加强部门之间的协作。这是一个具有战略决策权的部门。比如董事会：

①负责召集股东大会，向其报告工作，并执行股东大会的决议。

②决定公司的发展战略、规划、经营方针和投资方案。

③制定公司的年度财务预算方案、决算方案、利润分配方案、变更注册资本方案、弥补亏损方案和公司章程修改方案，以及发行公司债券方案等。

④提出公司的破产申请，并拟订公司合并、分立、解散清算的方案。

⑤决定公司重要资产的抵押、出租、发包和转让。

⑥决定公司内部管理机构的设置、调整。

⑦聘任或解聘公司高级和核心管理人员，决定其报酬事项。

⑧制定公司的基本管理制度。

⑨负责对公司运营的监督管理。

⑩负责公司其他重大事项及方案的讨论、研究。

2. 管理。

一个企业其经营得活不活，能否物尽其用，能否人尽其才，抓好管理是关键。所以，具有管理职能的部门是必不可少的。比如人力资源部：

①根据《劳动法》《劳动合同法》等相关法规，结合公司实际情况，

制定全公司的人事管理制度。

②负责公司人力资源的发展规划与开发，做好各部门的定岗定编定员工作。

③建设、完善并优化公司的人力资源管理体系，进行各部门职责权限划分，并负责组织结构设计和岗位说明书的编写。

④人事问题的解决处理和人事关系协调。

⑤进行人员的招聘与录用、岗位调动、员工升调和辞退管理。

⑥拟订并改进薪酬管理制度。

⑦员工绩效考核，员工假务、勤务管理。

⑧员工职业生涯规划管理，安排好员工业务培训。

⑨负责人事档案和劳动关系的管理工作。

3. 协调。

管理是关键，后勤是保障。如何使各个部门对内、对外各方面的关系协调，如何保障一线部门能够有效运转？这需要一个部门能够从中斡旋、协调。比如行政部：

①公司行政秩序的维护。

②公司后勤事务的管理和处理。

③公司对内、对外各方面关系的协调。

④公司信息化管理系统及安全、保密系统的建设及维护。

⑤公司会议管理。

⑥公司印章、介绍信管理。

⑦公司办公设备、办公用品的采购及维护。

⑧公司突发及应急响应的组织、协调及处理等工作。

4. 实施。

每一项规划、计划，乃至决策和目标，都需要实施，需要有部门来承担，所以，有很多部门都担负起执行的职能。比如董事会办公室：

①传达董事会的决议、决定和指示，并监督跟踪其贯彻执行情况。

②协助董事长处理日常事务。

③全面负责董事会办公室的各项日常事务工作。

④协助董事会掌握企业状况，定期系统地向董事会进行工作汇报，负责董事会各种会议的组织、筹办、会议纪要及事后催办等。

如总经理办公室：

①公司对内、对外文件的拟定、审核、发放和归档。

②公司法律事务的管理和处理。

③公司党、团、工会和女职工工作事务的管理和处理。

④协助公司领导安排、处理日常办公事务等。

如运营管理部：

①负责公司主营业务运营方面管理方法的研究与创新。

②运营标准化的制定。

③督导新项目运营的前期筹备。

④为公司各部门日常经营进行督导和提供服务。

⑤建设和维护加盟商的选择和管理体系。

⑥负责网络营销和外展工作的开展。

⑦制订公司新产品的研发和推广计划。

如工程管理部：

①负责公司投资项目的工程设计。

②工程技术标准的制定。

③管理并实施工程预算、监理、验收和决算工作。

④管理并实施公司土木、装修、消防、水电、暖通等方面的工程维修工作。

⑤为上述工作制定相应的制度、流程和操作细则且提供法律支持，防范和化解公司工程管理方面的经营风险。

5. 规划。

规划，是对企业的未来进行整体性、长期性、基本性的思考，为企业的长远发展或者中长期发展进行把脉。所以，表述规划职能，可以从策划和分析的角度入手。比如企业发展部：

①负责公司的发展战略研究。

②制定战略目标及实施步骤。

③做好生产政策研究和市场研究。

④开拓新市场、新项目,寻求公司新的利润增长点。

⑤对新项目进行市场调研及投资可行性分析。

⑥管理并实施公司的资本运营行为,并为上述工作制定相应的制度、流程和操作细则且提供法律支持。

6.财务。

资金渗透于企业经营的各个方面,所以,财务部是企业的心脏,也是把握企业命脉的核心部门。财务部的职能可以从资金管理的角度来表述,比如:

①遵守财务纪律,建立和健全各项财务管理制度,编制财务计划,加强经营核算管理。

②对公司的经营活动进行财务控制、核算、分析、考核和监督管理工作,为公司领导决策提供支持。

③负责公司各种费用的审核和报销,加强企业成本管理。

④做好各类款项的拨付及应收款项的核算工作,督促经办部门限期清理。

⑤负责发放公司员工的工资、奖金、福利等。

⑥严格执行现金和支票管理制度,准确无误地做好财务票据的购

买、保管、使用及回收工作。

⑦及时编制各类财务报表和记账凭证并归档,保管好相关财务资料,做好公司财务状况的保密工作。

⑧协调与税务、银行部门的关系,执行国家税法政策,及时做好纳税申报工作。

7. 采购。

对于采购部的职能,企业可以从采购的流程环节角度来表述。比如:

①制定并严格执行采购规章制度,规范采购工作。

②进行市场行情调查,编制采购计划、预算,进行采购决策。

③选择、评审供应商,建立并完善供应商档案的管理体系。

④组织竞标、谈判、评标、定价。

⑤组织合同评审,签订采购合同,监督采购合同的执行。

⑥对采购物资的质量进行检验、认证,确保采购物资符合标准。

⑦开展成本分析,保证价格的合理性,有效控制采购成本。

8. 研发。

研发是产品创新的重要保障,这一职能一般由技术开发部来承担,所以研发部门的职能设计,可以围绕创新来表述。比如:

①公司主营产品技术手段的研究与创新。

②收集新技术信息。

③制定产品技术与品质标准。

④对产品的技术、品质进行管理、督导和服务，提高和保证公司产品的质量。

9. 生产。

对于生产部门的职能，企业可以从明确生产管理工作的范围角度来表述。比如：

①制订生产计划，并经批准后组织实施。

②负责生产计划的检查和进度控制。

③负责生产人员的培训与生产工具的配置、管理。

④按周期检查、校准生产工具，确保生产安全、可靠。

⑤改进生产工艺流程，确保工艺流程的适宜性和有效性。

⑥对生产过程进行严格把关，确保产品质量，及时弥补生产过程中的缺陷。

10. 推广营销。

推广营销是品牌营销部的职能，对于这一职能的表述，企业可以从品牌的建设和推广，以及市场的开拓角度来表述。比如：

①负责公司品牌发展战略体系的研究、建设、维护和推广。

②做好市场营销方案的策划与实施,并根据市场情况变化及时、合理地调整方案。

③负责对外宣传和推广策划,建立良好的产品品牌及企业形象。

④进行市场调研,分析市场走向,预测未来市场,并对市场工作进行监察与评估。

⑤拟订市场开发计划,确定市场销售目标。

⑥负责新客户的开发。

⑦为公司新产品的开发提供市场资料。

⑧维护公司营销体系正常运行。

⑨负责公司营销系统的档案归口工作。

11. 服务。

服务是营销的基点,也是营销的延伸,所以,客服部具有对内、对外的双重功能,它的职能可以从内外两个角度来表述。比如:

①制定客户服务标准,规范客户服务工作。

②为客户提供优质服务,提高客户满意度,提升企业形象。

③客户资料的收集、整理、归档。

④通过多种渠道和方式对客户进行定期回访,并将反馈信息整理

上报。

⑤完善投诉处理机制，针对客户投诉问题给予及时有效的跟踪、处理、反馈、归档。

⑥客户分析与行为调查，为企业制定科学的销售服务策略提供支持。

12. 监督。

所谓的监督是对公司业务活动及会计事务等进行的监督，目的是为了保证公司正常、有序地经营，保证公司决策的正确和保护公司、股东及第三人的利益，所以，担负此责任的监事会责任重大。那么，表述监事会的职能，就可以从监督的目的角度来表述。比如：

①监督公司贯彻执行有关法律、法规和规章制度。

②监督公司财务与经营管理活动，验证公司财务会计报告的真实性、合法性。

③检查公司的经营效益、利润分配、资产保值增值、资产运营等情况。

④监督公司负责人的经营行为，并对其经营管理业务给予有效、合理的建议。

第六章
岗位责任：管个体的制度——岗位性规范

个人有责：分工合作靠责任

2010年5月6日，航空兵冯思广在夜间训练时，其所驾飞机发动机突然停止工作。为了避免飞机坠落在济南人口稠密地区，保障人民群众的生命和财产安全，冯思广把个人生死置之度外，和中队长张德山一起果断改变飞行轨迹，自己却因错过跳伞最佳时机而英勇牺牲。看了这条新闻，很多企业家感慨：要是自己的员工也都能像冯思广这样负责任该多好啊！为什么要这样说呢？难道企业的员工没有责任心吗？

其实，很多时候，员工不是没有责任心，而是责任心不够。比如，有个老板交代给助理一件事情，然后就出去了。等他回来的时候，助理已经不在工位了。第二天，老板问助理事情做得怎么样了，助理却回答说还没做；老板问为什么不做，助理说已经下班了，所以就走了。听他这么说老板也就没再说什么。后来又过了一天，老板再次问助理事情做得怎么样的时候，助理还是说没做。那么他为什么上班的时候还不做呢？助理的理由是不会做，而且老板也不着急，所以一直没做。听到这样的话，老板真的很恼火。

很多时候，员工即使不会做也不会告诉老板，并且他会认为时间与他无关、好坏与他无关，老板关注不关注也与他无关，这种不关心表面看起来是不配合，其实就是对工作不负责任。为什么会这样？不能很好地合作，原因就在于责任不明确，当不需要员工负责任的时候，他的行为就会懈怠。所以，**不负责任不仅是心态问题，更多的是行为问题，它体现的是一种行为**。正是由于行为懈怠，才会让人感觉他不负责任。那么，要改变这种行为，让他很好地配合你的工作，就要给出明确的职责，因为员工有了责任就会有行动。

"责任"这个词，在我们的工作中经常会提到。那么，到底什么是责任呢？其实，**对责任的最简单理解就是立足岗位，尽心尽责**。对于企业来说，员工的责任就是工作的职责，具体体现在责任心上。也就是说，**有了职责，责任心才会增强，而员工的责任心是企业核心竞争力的形成基础**。如果没有一群负责任的管理者和员工，老板再有能力，设备再先进，企业也不可能发展起来。所以，任何企业的存在与发展，都离不开具有高度责任感的员工。

企业要对员工负责，员工也应该对企业负责。每一个岗位、每一项工作，对企业来说都是极为重要的，不能有半点闪失和错误。所以，作为一名员工，不论你在什么企业、什么岗位，都需要尽职尽责。工作只有岗位的不同，没有责任的不同。

责任心强的员工比例越大,企业则越强。责任心强的员工会站在企业发展的角度思考和行事,并且能自觉履行岗位职责,他知道自己该做什么、什么时候做、该怎么做。同时,员工有了责任心,就会一心扑在工作上,以良好的工作态度、自动自发的合作意识,用心、尽责做好每一件事,从而促进企业发展。

责任心强的员工比例越小,企业则越弱。就像前文提到的助理,一个没有责任心的人,在工作时一定不会认真,他的工作有没有成绩,他不会去检讨,当然也不愿去承担工作失误的后果。他和别人合作的时候,不会有合作的态度,或者是想方设法推脱、找客观、找理由,甚至会情绪化地对待工作。

但是,员工具备了责任心还不够,更关键的是要把这种责任落实到位,以促进员工之间的分工合作。做到这一点,企业需要在以下两个方面努力。

一是建立制度。责任心是看不见、摸不着的,所以很难考察员工是否有责任心。但又必须把这种抽象的东西具体化,那就要用制度来规范,明确界定员工的职责,用制度监管职责的执行。当然,还要用激励制度来激发员工的责任心,如奖励制度。所以,要**建立有序的章法制度,以制度明确责任,以制度监督职责。用章法说话,依制度办事。**

二是建立关系,让企业和员工有关系。就像谈恋爱一样,你为什么对一个女孩子非常关心,而对别的女孩子不关心呢?因为你喜欢她,她是你女朋友,所以你才会关心她、对她负责;别人不是你的女朋友，你也就自然不去关心。道理就是这么简单。对企业来说也是这样。你为什么要对企业负责？要对你的工作负责？不仅仅是因为你有一份责任在里面，更重要的是你和企业之间存在着一种关系，这种关系会让你感觉一荣俱荣、一损俱损。所以，**责任不一定是硬性的制度规定，还可以是"软"要求。**

> **制度指南**
>
> 1. 不负责任不仅是心态问题，更多的是行为问题，它体现的是一种行为。
> 2. 对责任的最简单的理解就是立足岗位，尽心尽责。
> 3. 有了职责，责任心才会增强，而员工的责任心是企业核心竞争力的形成基础。
> 4. 只有岗位的不同，没有责任的不同。
> 5. 建立有序的章法制度，以制度明确责任，以制度监督职责。用章法说话，依制度办事。
> 6. 责任不一定是硬性的制度规定，还可以是"软"要求。

四种角色：排兵布阵有章法

喜欢足球的人都知道，在比赛中，球队都会排列出各种各样的阵形进行比赛。之所以要排兵布阵，主要目的就是分好场上队员的位置，让队员因应各自的位置分工合作。但不管是哪种阵形，基本都是分三个区域，这三个区域分别是前场、中场、后场。而相对应的队员的角色就是前锋、中场、后卫，外加教练。

前锋是什么？中场是什么？后卫又是什么？一般来讲，前锋位于前场，是球队进攻的第一线，主要任务是进攻对方争取得分，防守时应在前场或回撤至中场阻击对方进攻，必要时才回防至本方半场协助防守。通常情况下，中场的大部分活动时间和地点都在球场的中间地带，他们是整个球场的主导者，前可参与进攻，后可参与防守。后卫位于后场，主要负责球队的防守工作。球队进攻时，出于战术需要或比赛目的，可适当协助前锋组织进攻至中场和前场，以及控制比赛节奏。当然，除了上述这三种角色之外，还有一个角色最重要，那就是主教练，他是球队的灵魂。教练的第一个能力是资源配置能力，也就是排兵布阵的能力。

首先，教练得考虑整个阵型。前锋是不是真的很能突破，他如果失败了，失败在哪里？球传到他脚下，临门一脚却踢不进去，这就不行了。后卫就更不能出漏洞，对后卫来说，无过就是功，而前锋则是无功就是过。对于中场来说，沟通协调能力非常重要。基于以上角色特点，足球比赛的排兵布阵主要有以下几大阵型。

比如4-4-2阵型，由4名后卫、4名中场、2名前锋组成。这个阵形是现在足坛最流行的，需要球队有很强的人员配置和战术素养，打不好会散型，导致攻守失效。它要求队员始终保持紧凑的阵形，三条线距离压缩，共进共退，这也是最考验整体也最体现整体的足球阵形。所有队员都要具备出色的体能来保证整体移动。两个前锋要有很强的个人能力，能独当一面，并将这种能力融入球队。后腰要拿捏全队的攻防比例，指挥球队的移动，是全队最核心的两个人。边前卫有很强的奔跑和突破能力，能攻，能突破，能传，能射，能守，能帮边后卫补位。边后卫必须有一个能助攻。如此这般局面才能打开。

也可以采用4-5-1阵型，这种阵形更重视中场，由4名后卫、5名中场、1名前锋组成。这是典型的适合防守反击的阵型，防守人员极其密集，反击时，留在前场的队员位置并不固定，很灵活，可以利用对方大举进攻时后方散乱的机会，用个人能力或者简练的配合，快速完成进攻。除此之外，还有4-3-3阵型、3-4-3阵型、5-3-2阵型、

4-3-2-1 阵型、4-2-3-1 阵型等。

为什么更多人愿意用 4-4-2 阵型呢？因为它最稳健，也是变化最多的，往前上一个往后上一个阵形就变了。**足球比赛是有章法的，企业的运作也需要这样的章法。**那么，企业的 4-4-2 阵型指的是什么呢？前锋是谁？中场是谁？后卫又是谁？

在一般的企业里，前锋就是销售，后卫是生产和服务，中场就是管理。前锋是球队进攻的第一线，他一定要能打硬仗，突破要到位，这样的素质就是销售要具备的。不能打硬仗，就做不了销售，可以让他做后卫，负责生产或者服务。后卫更多的是防守到位，生产、服务部门的职责和他很相像，要保证产品的质量和售后的服务。中场则是传球到位，他是衔接前场和后场的，也就是协调整个团队，所以**中场的协调性要非常强。**有可能他带球不如前锋，防守不如后卫，但传球协调能力一定要非常好，让组织很有效率。这样的素质就是管理者要具备的。

用人也是一样。**所谓的配置，就是把合适的人放到合适的位置上。**所以，必要时中场既可以变成前锋，也可以变成后卫。比如，生产压力过大的时候，管理人员要下一线，就不能说那是你的位置我不能踢。必要时该踢还是要踢的，而且 4-4-2 阵型也可以根据情况变成 3-5-2 阵型。

总之，企业的运作要有章法，销售、管理、生产服务要合理配置。品牌经营也要有章法，低档、中档、高档形成梯队。用一句话总结就是：**企业运营分角色，排兵布阵有章法。**

制度指南

1. 足球比赛是有章法的,企业的运作也需要这样的章法。
2. 在一般的企业里,前锋就是销售,后卫就是生产和服务,中场就是管理。
3. 中场的协调性要非常强。有可能他带球不如前锋,防守不如后卫,但传球协调能力一定要非常好,让组织很有效率。
4. 所谓的配置,就是把合适的人放到合适的位置上。
5. 企业运营分角色,排兵布阵有章法。

精品制度范例 5：岗位职责

岗位职责，通俗地讲，就是在一个工作岗位上的人应当做哪些事、承担哪些责任，它是职务与责任的统一。对于企业来讲，根据岗位的性质明确岗位的目标责任，可以最大限度地科学配置人力资源，有效防止部门之间因职责不清或者职责重合而导致的相互推诿现象。同时，还可以有效规范操作行为，提高工作的效率和质量。所以，确定员工责任需要有明确的岗位职责规定。那么，是不是岗位职责越详细越好，要面面俱到呢？其实不然。设计岗位职责，只要对岗位进行合理、有效的分工就可以了。制定岗位职责，需要定岗定责，也就是说按照企业部门的设计来规定相关岗位的责任。

1. 董事长。

董事长是公司的法人代表和重大事项的主要决策人，一般会全面主持公司的生产经营管理工作。同时，董事长也是股东利益的最高代表，在董事会闭会期间代行董事会职权。因此，其职责可以从组织、协调、代表三个方面来表述。比如：

①主持召开股东大会、董事会议，组织讨论和决定公司的发展规划、经营方针、年度计划及日常经营工作中的重大事项，并负责上述会议决议的贯彻落实。

②监督和检查董事会决议的执行情况，并向董事会提出报告。

③提名公司总经理和其他高层管理人员的聘用和解聘，并报董事会批准和备案。

④审查总经理提出的各项发展计划。

⑤定期审阅公司的财务报表和其他重要报表，全面掌控公司的财务状况。

⑥审议公司利润分配方案和弥补亏损的方案。

⑦决定公司内部管理机构的设置，并对公司各职能部门的关系进行综合协调。

⑧签署重要经济合同及上报印发的各种重要报表、文件和资料。

⑨代行股东大会有关职权，处理由董事会授权的重大事项。

2. 总经理。

总经理是公司对日常业务进行经营管理的最高负责人、行政工作的首脑。他对董事会负责，在董事会的授权下，执行董事会的战略决策，行使对公司经营工作的全面指导、指挥、监督、管理权力。因此，总经理的职责可以从组织、管理、领导三个方面来表述。比如：

①主持公司的日常经营管理工作，执行董事会决议。

②召集主持总经理办公会议，监督和协调各部门的工作进展。

③制订公司年度经营计划和投资方案，经董事长办公会议批准后负责组织实施。

④拟定公司内部管理机构设置或调整方案。

⑤制定管理制度和规章，负责公司内部人、财、物的管理和调配。

⑥聘任或者解聘应由董事会聘任或者解聘以外的管理人员。

⑦布置、指导、监督和考核各部门经理的工作。

⑧负责处理公司重大突发事件。

3. 财务部经理。

财务部经理的主要职责就是统筹安排公司会计核算、财务分析管理和会计监督。因此，财务部经理的职责可以从企业资本运营、财务控制、财务决策等三个方面来表述。比如：

①贯彻落实本部门岗位责任和工作标准，加强与有关部门的协作与配合。

②制定和完善公司的财务管理制度、会计成本核算规程、成本管理会计监督及其有关的财务专项管理制度，并监督其执行情况。

③编制并审查公司财务计划，拟定资金筹措和使用方案，全面平衡资金，加速资金周转，提升资金使用效率。

④负责公司的成本管理工作，进行成本预测、控制、核算、分析与考核。

⑤规划会计人员的配备，组织会计人员的培训与考核。

⑥定期或不定期向公司总经理、主管副总汇报各项财务收支状况和盈亏情况，以便领导及时进行决策。

⑦做好各项资金的管理应用工作，保证业务活动的正常开展。

⑧协调与会计师事务所、财政、税务等部门的关系，对税收统筹工作提出建议。

⑨处理财务工作中出现的各种问题。

4. 行政部经理。

行政部经理行使对公司行政后勤、总务、保卫工作管理的职权，因此他的职责可以从承办、监督、管理、协调、领导指挥等五个方面来表述。比如：

①拟定行政后勤、保卫工作管理制度，并负责检查、监督和执行。

②拟订年度行政后勤、保卫工作计划，做好公司行政后勤、内部治安管理工作。

③负责组织部门人员的培训教育工作，协同人事部做好各项

工作。

④有权向主管领导提议下属人选,并对其工作考核进行评价。

⑤按时完成公司领导交办的其他工作任务。

5. 人事部经理。

人事部经理的主要职责就是开发、利用人力资源,确保公司发展所需的人力资源,并且不断完善人力资源管理体系。因此,人事部经理的职责可以从管理、监督、协调、培训、考核评比五个方面进行表述。比如:

①制订并提交本部门年度工作计划、人员配置计划。

②负责本部门员工的考评、培训指导和选拔人才。

③编制公司人力资源战略规划,审核年度招聘计划并监督落实。

④健全公司人力资源管理制度并监督实施。

⑤做好对公司各部门的定岗定编工作。

⑥引进公司紧缺人才,建立员工的综合考查体系,制订员工职业生涯发展计划。

⑦抓好公司员工的年终绩效考评方案设计并组织实施。

⑧建立和健全人事、劳资统计核算标准,编制劳资、人事统计报表,上报劳动力使用、劳动报酬统计分析报告。

⑨审定公司的薪酬和福利保障制度,认真维护好劳资关系。

⑩配合各部门做好培训教育管理工作。

6. 企业发展部经理。

企业发展部经理主要负责公司发展战略的管理工作,因此他的职责可以从管理、参谋、考核等三个方面来表述。比如:

①制订并提交本部门年度工作计划。

②负责本部门员工的考评、培训指导和人才选拔。

③组织专项课题研究,对公司经营环境及行业发展进行分析,为领导决策提供支持。

④编制战略分析研究报告,制定公司的年度发展规划和中长期发展战略。

⑤为公司投资项目的立项、可行性论证、项目评估提供决策意见。

⑥组织收集、整理和分析各类政策、行业信息,为领导决策提供支持。

7. 研发部经理。

对于研发而言,对行业发展趋势的把握和预先判断能力非常关键。因此研发部经理的职责可以从技术引进、新产品开发、新技术推广、技术标准制定、技术指导与监督、协调、管理等方面进行表述。比如:

①监督、控制和协调整个公司的技术研发。

②编制和完善公司技术管理、技术工艺标准、工艺操作方法、维修和技术安全等有关的技术规定。

③负责公司新技术引进和产品技术开发工作的计划与实施。

④抓好新产品的开发和研究工作，及时组织新产品的研制工作。

⑤负责及时解决生产过程中出现的技术问题，保证生产经营工作的正常进行，确保公司生产计划的按时完成。

⑥负责技术图纸、资料的归档管理工作。

⑦做好技术成果及技术经济效益的专业评价工作。

⑧做好部门人员的绩效考核工作。

8. 采购部经理。

采购是生产的前提，没有物资供应就没有生产，所以，采购部门关系着整个企业的生产大局。那么，设计采购部经理职责的时候，就要着重从采购的计划与管理、督导与实施、预测与审查，还有相关关系的协调等方面来表述。比如：

①对采购人员的考核、评比、激励。

②草拟本部门的采购计划、采购原则，并督导实施。

③制定并规范本部门的物资管理制度。

④做好采购的预测工作，根据公司实际需要合理进行预先采购，并控制不合理的物资采购和消费。

⑤定期组织员工进行采购业务知识、业务技巧的学习。

⑥处理、协调和供应商的关系。

⑦做好部门人员的绩效考核工作。

9. 生产部经理。

对于生产部经理的职责，企业可以从生产的管理、计划、控制、培训等方面来表述。比如：

①拟定、完善并执行各项生产管理制度。

②制订并组织实施本部门的年、季、月度工作计划。

③密切配合营销部门工作，确保产品合同的履行，力争超额完成公司生产任务。

④及时安排、组织新产品或新工艺的试生产工作，不断提高公司产品的市场竞争力。

⑤抓好安全生产和环境保护专项工作。

⑥做好生产统计核算基础管理工作。

⑦做好生产设备的维护检修工作。

⑧合理安排生产作业时间，厉行节约，降低生产成本。

⑨做好部门员工的业务指导和培训工作，并对其工作定期检查、考核。

10. 市场部经理。

市场部经理全面负责市场部的业务和人员管理，并根据市场信息的变化，制定并执行全面的销售战略、市场推广计划，从而有效地销售产品和管理客户，确保公司利润最大化和客户满意度最大化。因此，市场部经理的职责可以从部门管理和市场推广两个方面来表述。比如：

①负责产品销售和市场开拓的管理工作。

②编制并组织实施本部门的工作计划。

③研究并不断改进销售管理办法，引导和控制市场销售工作的方向和进度。

④进行专业调研，掌握市场动态，做好产品市场销售潜力的调查和分析，为企业制定业务发展战略提供依据。

⑤负责对下属人员工作的考核、评比与激励。

⑥制定并组织实施完整的销售方案。

⑦负责销售成绩与销售情况的统计与分析工作。

⑧管理、监督和控制公司市场经费的使用情况。

⑨对下属进行考核、评价与推荐。

⑩制定公司品牌管理与发展策略，维护公司品牌形象。

11. 客服部经理。

客服部经理主要负责售后服务工作，因此他的工作职责应该围绕部门管理和客户服务来表述。比如：

①对客服人员进行培训、激励和评价考核。

②负责公司产品的售后服务管理工作。

③抓好客户接待管理工作和客户档案资料管理工作。

④安排人员上门服务，做好工作记录，并努力提高上门服务的工作质量。

⑤做好对客服人员的职业道德和形象教育。

⑥确保公司的各类规章制度在本部门内得到贯彻落实。

⑦接受和处理顾客的投诉并及时向相关部门反馈。

12. 监事会主席。

关于监事会主席的职责，企业可以从检查、监督、考核等三个方面来表述。比如：

①全面负责主持监事会工作。

②监督、检查管理人员有无违反法律、法规、公司章程及股东大会决议的行为。

③组织检查、监督公司业务和财务状况，并有权查阅和核对公司财务账簿、会计报告、营业报告和利润分配方案等财务资料。

④有权监督、检查、考核各级管理部门的工作。

⑤有权对所有员工的工作提出质疑。

⑥有权代表公司与董事交涉或对董事起诉。

⑦有权对公司所发生的问题提出质询。

第七章
衡量标准：管赏罚的制度——标准性规范

违章必究：保证制度靠奖罚

很多时候，你会发现，有一些企业根本就管理不好。是他们没制度吗？不是。为什么管理不好呢？是因为有制度没执行。就拿迟到来说，这是一件看似非常小的事情，小得不能再小了，但是根本性地解决这个问题并非那么容易，甚至需要下很大力气。

有这么一个企业，制度规定每天8：30上班，但很多员工经常迟到。迟到的人多了，频率也高了，严重影响了工作，领导就开始过问这件事。员工普遍反映上班时间太早、太辛苦，要求把上班时间推迟到9：00。经过再三考虑，领导接受了员工的提议，把上班时间推迟了半小时。

但是，时间是改了，问题还是没解决，有些人照样迟到，能9：00到的，就不会8：59来。怎么办呢，看来靠自觉是不行了，那就立个规矩吧。于是，新制度规定每迟到1分钟就罚款2元，有了惩罚，很多人就不再轻易迟到了，时间观念也得到了加强。当然，除了惩罚之外，企业也设计了全勤奖，每个月出全勤的人会得到一定的奖金奖励。这就是靠自觉不行，实施赏罚就很管用，不仅解决了问题，而且维护了制度。

其实，很多时候都是这样的。要想维护制度，并且让制度得到很好的贯彻执行，就需要赏罚。比如，在日常生活中，哪些事儿能做、哪些事儿不能做，做了是好还是坏，最基本的衡量标准就是道德。所以，你做了一件好事之后，会有很多人表扬你，给你戴大红花，甚至会给你一些物质奖励，你会很开心，会继续维持这样的良好秩序。但是，你会发现，有时候道德也会失控，你还是会冲动，会做错事，这就不是道德所能解决的事了，你会受到法律的制裁，你要受到惩罚。所以，除了道德之外，维系社会秩序的是法律制度。法律的作用就在于对违背公众共同规则的行为予以惩罚，比如醉酒驾驶。

以前因为酒后驾驶出的交通事故很多，现在酒后驾驶的人少了，是因为对酒后驾驶的惩罚很严厉，只要是酒后驾驶的，一律扣12分，还要交罚款、没收证件，严重的还要吊销其机动车驾驶证，追究法律责任，就算是"隔夜酒驾"照样也会被查。

在企业里，保证制度这个"章"的正常运营的最好办法就是赏罚。但是，在一些企业中，虽然赏罚办法采用了不少，效果却不尽如人意。究竟是为什么呢？我认为，是衡量标准有漏洞，要么赏得太轻，要么罚得太重。结果往往是激励了一部分人的积极性，同时又挫伤了另一部分人的积极性，没有达到全面激励的效果。也就是说，没有统一的标准，就很难服众。

其实，奖罚不是目的，它是其他制度能够顺利执行的必要保证。从某种意义上讲，它就是企业行为的指挥棒，体现了企业的价值取向。你奖励什么就意味着你鼓励什么，你惩罚什么就意味着你反对什么。因此，**有规范，无奖罚，好比有水管，没水阀**。做好企业，不仅要用条文来规范，更要用赏罚来控制，企业必须安好"罚门"。要做到这一点，企业还需要注意以下五个问题。

第一，奖罚对象要明确，因为奖罚一名员工时，也是给其他员工树立榜样，有助于规范员工的行为；

第二，奖与罚必须同时存在，并且必须赏罚分明，同时，针对不同的员工，赏罚的强度不应当有所不同，不能厚此薄彼；

第三，赏罚要及时兑现，该兑现的奖励不兑现，就会失信于民，以后再去号召鼓励也没有用了；

第四，赏罚要适度，奖励可以适当多一些，惩罚要尽量少，但一旦有惩罚就不要有例外，以免降低制度的严肃性，影响效果；

第五，避免赏罚的主观性、随意性，因此就需要在赏罚的标准、程序、时限等方面进行明确、细致的规范，明确实施奖罚责权，提高奖罚办事效率。

> **制度指南**
>
> 1. 很多时候都是这样的,要想维护制度,并且让制度得到很好的贯彻执行,就需要赏罚。
> 2. 在企业里,保证制度这个"章"的正常运营的最好办法就是赏罚。
> 3. 赏罚不是目的,它是其他制度能够顺利执行的必要保证。
> 4. 有规范,无赏罚,好比有水管,没水阀。做好企业,不仅要用条文来规范,更要用奖罚来控制,企业必须安好"罚门"。

精品制度范例6：奖惩制度

奖惩包括奖励和惩罚两方面，是规范员工行为的有效杠杆，能够强化员工遵纪守法和自我约束的意识，对于维护企业的劳动纪律，保障企业生产经营的正常运行具有重要作用。另外，奖惩也是激励员工的有效手段：奖励可以鼓励先进、塑造员工良好的职业素养和品质，从而激励员工的敬业爱岗精神，增强员工的积极性和创造性；惩罚可以鞭策广大员工奋发向上，创造更好的工作业绩。奖惩制度也是企业其他各项规章制度顺利执行的保障，做到有章可依，才能实现用制度管理人的目标。企业制定奖惩制度，需要回答以下六个问题。

1. 目的是什么？

目的是什么？回答的是制定奖惩制度的意义和作用。因此，设计奖惩制度可以从为什么要制定该制度的角度来表述。比如：

为了促进公司各项工作的有序开展，使奖惩更加公开、公平、公正，使奖惩的依据、标准和程序更加明确，为了更好地规范员工的行为和公司的奖惩管理工作，公司制定了"以奖为主，奖惩结合"的管理制度，目的是鼓励先进、塑造员工良好的职业素养和品质。

2. 适用范围有多大？

关于适用范围，企业可以从适用于哪些人的角度来表述。比如：

本条例适用于公司全体员工，包括试用期员工与临时工。

还可以从适用于哪些制度的角度来表述。比如：

本条例适用于公司注明及未注明奖惩条款的各项规章制度。

3. 遵循什么样的奖惩原则？

奖惩原则是处理奖励与惩罚的基本准则，包括：

引导价值取向：奖励的目的在于引导正确的、符合企业需要的价值观，激励对企业和员工有利的行为；惩罚是为了有效维护企业的价值观和纪律，遏制违反企业价值准则、损害企业利益行为的发生。

有据可依：以事实为依据，以公司的各项规章制度为准绳，公平、公正、公开地决定奖惩行为。

奖惩及时兑现：为达到鼓励和纠偏的理想效果，使奖惩机制发挥最大效用，奖惩必须及时实施。

教育为主，处罚为辅：奖惩的目的重在教育，因此处罚应从轻不从重，以教育引导为主，惩前毖后为辅。

回避原则：与事件当事人或本部门有利害关系或其他关系的应自行回避，以有利于奖惩的公正处理。

4. 奖惩标准是什么？

关于奖惩标准，企业可以从奖励类别的角度来表述。比如：

奖励共分五类：

①书面表扬：每次奖励人民币50元。

②嘉奖：每次奖励人民币100元。

③记功：每次奖励人民币200元，并颁发荣誉证书。

④记大功：每次奖励人民币500元，并颁发荣誉证书。

⑤临时奖金：视贡献大小，最高不超过1000元人民币。

可以从谁来奖励的角度表述。比如：

奖励由部门推荐，报人力资源部审核，由总裁/总经理批准执行。奖励记录将记入员工的个人档案。

也可以从处罚类别的角度来表述。比如：

处罚共分为四类：

①警告：分口头警告和书面警告，口头警告2次以上仍不改进行为的，处书面警告，书面警告每次罚款50元，于当月发薪时扣罚。

②记过：每次扣罚人民币200元，于当月发薪时扣罚。

③记大过：每次扣罚人民币500元，给公司造成经济损失的必须另行承担赔偿责任，于当月发薪时扣罚。

④辞退：严重违反公司的规章制度，给公司造成损失的，除了赔偿公司的损失外，必须做开除处理。

还可以从如何对待受处分员工的角度来表述。比如：

处分是为了严肃纪律、教育本人和他人、维护管理及组织系统有效运行的一种管理手段，给予员工处分时公司会慎重行事：一定在弄清事实、取得证据的基础上，经总裁或总经理审批后执行。

对员工的处分，除口头警告外，公司将书面通知其本人，并记入人事档案。

受处分的员工，在处罚事项未了结之前，不得调离公司（公司宣布辞退的除外）。

受处分的员工，如能端正态度，改正错误，积极工作，并能弥补经济损失的，经本人申请或相关负责人提议，报总裁或总经理批准，可酌情减轻处分。

5. 奖励什么？

奖励什么，是指企业有哪些具体的奖励条件，可以从嘉奖的各种行为的角度来表述。比如：

凡符合下列条件之一者，公司给予嘉奖：

①品行端正，工作努力，适时完成交办的重大或特殊事项者。

②对拓展主办业务有重大贡献或具有实效者。

③执行紧急任务，结果超预期者。

④领导有方，业务拓展卓有成效者。

⑤热心服务，工作努力积极，业绩突出，有具体事实者。

⑥工作积极主动，多次受到顾客表扬者。

⑦是非分明，敢于举报，维护公司利益有功者。

⑧提合理化建议，被公司采纳施行建议者。

⑨拾金不昧者。

⑩为公司争得荣誉者。

也可以从记功的奖励角度来表述。比如：

凡符合下列条件之一者，公司给予记功：

①对完善公司管理、提高服务质量有重大贡献者。

②承担公司重要业务责任且成绩特优或有特殊成绩者。

③在恶劣环境下，冒生命危险尽忠职守者。

④对突发和应急事件，勇于负责并及时采取措施、妥善处理防止损失者。

⑤对公司主业务有重大革新建议并提出具体方案，经实行确有成效者。

⑥检举揭发损害公司利益的行为，为公司挽回重大损失者。

⑦有其他重大功绩，足以成为员工楷模者。

还可以从记大功的奖励角度来表述。比如：

①遇有意外事件或灾害，奋不顾身，极力挽救公司或公共财产，因而减少损失者。

②维护员工安全，冒险执行任务，确有功绩者。

③维护公司重大利益，避免重大损失者。

④公司认为应给予记大功的其他事情。

6. 惩罚什么？

惩罚什么，是指企业里有哪些情形要给予处罚。可以从口头警告的处分角度来表述。比如：

具有下列情形之一者给予口头警告处分，并罚款人民币（20~50元），第二次给予书面警告处分并罚款人民币（50~100元），第三次书面警告并罚款人民币（100~500元）或开除并不支付赔偿金：

①态度恶劣，傲慢不接受纠正者。

②服务态度欠佳，经顾客检举属实者。

③上班后吃东西、唱歌、嬉笑而不听劝阻者。

④未经许可，无故不出席公司会议者。

⑤未经许可，私带他人进入工作场所者。

⑥未经许可，擅自在公司推销物品者。

⑦工作不认真，表单填写或手续不全者。

⑧上岗位前，未化妆或上班当众化妆、修指甲者。

⑨工作时间躺卧休息、擅离岗位、聚众聊天、看小说、吃零食、抄写非公文件、听音乐者。

⑩妨害工作或团体秩序，情节轻微者。

⑪工作未尽职且分配其工作未落实、未完成者。

⑫不按时交考勤资料者。

⑬吵架、污言秽语扰乱公司安宁和工作秩序者。

⑭不按规定穿着或佩戴规定标志或穿拖鞋上班者。

⑮上班未按标准穿工作服者。

⑯利用公司电话聊天，时间超过3分钟者。

⑰用餐时乱丢残渣、餐具者。

⑱岗位卫生检查不合格者。

⑲因个人过失致发生错误，情节轻微者。

⑳高声喧哗、哼歌、吹口哨或在客人可以看到之处有不雅动作者。

㉑随地吐痰、乱丢纸屑和杂物等。

㉒办事不力，或监督执行不力，于工作时间怠慢偷闲者。

㉓未经主管同意，改换作息时间者。

㉔客户点名投诉者或客户投诉后查实者。

㉕拾遗不报者。

㉖ 工作时间私自外出者（2小时以上作旷工处理）。

㉗ 未经同意在工作场所使用大功率电器者。

㉘ 不服从上级工作安排，情节轻微者。

可以从书面警告的处分角度来表述。比如：

有下列行为者给予书面警告并罚款（50～100元），第二次给予书面警告并罚款（100～500元），第三次开除并不支付赔偿费：

①遇非常事故或事态，故意回避者。

②在工作场所吸烟者。

③拒绝执行部门主管指令或在执行主管工作安排时，故意消极怠工者。

④对上级批示或有期限的命令，无故未能如期完成，以致影响公司权益者。

⑤对同事恶意攻讦或诬害、做伪证，制造事端者。

⑥工作中酗酒以致影响自己或他人工作者。

⑦未经许可，私自配制公司钥匙者。

⑧与顾客或员工发生斗殴、吵架事件者。

⑨私拉电源影响公共安全者。

⑩搬弄是非、诽谤他人、提供伪证及影响公司声誉者。

⑪经常完不成本职工作或交办事宜者。

⑫有意顶撞顾客，且在顾客提出投诉后不认识错误者。

⑬ 无故伤害顾客或严重服务不到位者。

⑭ 有其他严重过失行为者。

也可以从留用察看的处分角度来表述。比如：

有下列情况之一者，公司给予留用察看并罚款500元以上，并视情节严重程度作辞退或开除处理，公司不赔偿任何经济补偿金：

① 假借职权，营私舞弊者。

② 盗用公司财物或挪用公款，故意损毁、涂改重要文件或毁损公物者。

③ 仿效上级主管人员签字或盗用印鉴或盗用公司名义者。

④ 携带违禁品进入工作场所者。

⑤ 怠慢工作擅自变更工作方法，使公司蒙受重大损失者。

⑥ 工作中出现重大失误或过失，给公司造成损失者。

⑦ 不服从上级工作安排，且有威胁行为者。

⑧ 管理人员在工作场所吸烟者。

⑨ 玩忽职守，违反操作规程，致公司蒙受重大损失者。

⑩ 泄露公司机密、捏造谣言或酿成意外灾害，致公司受重大损失者。

⑪ 品行不端，如与顾客发生斗殴、谩骂等，严重损坏公司形象者。

⑫ 当月多次（3次及以上）受顾客投诉，经教育不改者。

还可以从解雇的处分角度来表述。比如：

有下列情况之一者，公司不作任何经济补偿并立即予以解雇：

①员工在试用期间被证明不符合录用条件者。

②发现人事资料与当事人实际情况不符者。

③严重违反公司规章制度者。

④对同事暴力威胁、恐吓，影响团体秩序者。

⑤殴打同仁，或相互殴打者。

⑥在公司内赌博者。

⑦散播不利于公司的谣言或挑拨劳资双方感情者。

⑧伪造或盗用公司印章者。

⑨故意泄露公司技术或营业上的机密致使公司蒙受重大损害者。

⑩利用公司名誉在外招摇撞骗，使公司名誉受损害者。

⑪无故连续旷工或擅自离职3天以上，或一年内累计5天者。

⑫半年中记大过满2次者。

⑬煽动怠工或罢工者。

⑭出现重大过错，或严重失职，或营私舞弊，给公司造成严重损失者。

⑮未经许可，有兼职行为，并对工作任务造成严重影响，或者经公司提出，拒不改正者。

⑯以欺诈、胁迫手段订立或者变更本人劳动合同者。

⑰员工因工作能力、工作态度、工作技能等多方面原因达不到

公司的要求，经培训考核仍达不到岗位要求者。

⑱ 多次不服从上级工作安排，且有威胁行为者。

⑲ 工作表现和业绩均较差，经年度测评或月度绩效考核，在店内或部门分数排行最后三名者。

⑳ 不服从公司经营状况需求，私自调岗或调职者。

㉑ 服务态度差，情节恶劣，屡次被顾客投诉者。

㉒ 被顾客直接投诉到媒体、报社、电台、杂志社等处，确有损公司声誉者。

㉓ 索取或收受业务往来单位（客户）酬劳（回扣）。

㉔ 挪用公款、偷窃或侵占同事或公司财物，或利用工作职务之便谋求个人利益，或为他人谋取利益（严重者将提交司法机关依法追究刑事责任）者。

㉕ 无故损毁公司财物，造成公司重大损失或第二次损毁公物，或涂改重要文件者。

㉖ 有违法犯罪行为及被判入狱者。

㉗ 吸食毒品者。

㉘ 参加非法组织者。

㉙ 按劳动合同条款需要解雇者。

第八章
制度执行：十分规矩、七分执行

给制度躯体加上人性的灵魂

近年来，国学非常火爆，很多媒体的文化节目都非常热衷于"过去的故事"，像《百家讲坛》，模仿《百家讲坛》的节目也比比皆是。当然，这不是坏事。历史是一面镜子，可以帮助我们反省过去。但如果只是了解一下过去，而不去思考，那就没有多大意义了。

其实，历史不仅可以帮助我们反省过去，如果仔细研究的话，历史还可以告诉我们未来，毕竟历史有很多值得思考的东西。所以，对一位企业家来讲，多研究研究历史，从中学习一些可以借鉴的东西，未必不是一件好事。比如保甲制度，在对人的管理方面就能给企业家一些启发。

保甲制度是中国古代社会的一种统治手段。它不是以个人为单位，而主要是以"户"为基本单位，设立户长。以10户为1甲，设甲长；10甲为1保，设保长；10保为乡镇，设保长联合办公处，由保长互推一人为主任。

在这些户长、甲长、保长当中，户长的角色很特殊。因为每一个户长都必须签名加盟保甲规约，并联合甲内各户长共具联保连坐，声明如有"为匪、通匪、纵匪"情事，联保各户，实行连坐。连坐就是1家有"罪"，9家举发，若不举发，10家连带坐罪。所以，保甲制度的实质是通过联保连坐法将全国变成大囚笼，便于统治者对人民实行层层管制。

其实，这种保甲连坐制度早在秦朝就开始实行了。可能有人会问，怎么就定出来这么个制度呢？商鞅的解释是：实行保甲连坐制度的国家，国家政权的正常运转可以不依赖君王，百姓也不必唯政府马首是瞻。没有"一把手"照样玩得转，这不也是很多企业家想要做到的吗？那么诀窍在哪儿？古人早就研究透了，法家理论的集大成者韩非认为在于人性，他认为"趋利避害"是人的本性，遇到安全有利的事情都会去做，遇到危险有害的事情都会跑开。因此，为了自身不受到牵连，就会相互监视，这是人之常情。

连坐之所以好用，是因为它抓住了人性的弱点。也就是说，我没有违反制度，但你违反了制度涉及了我的利益，或者是侵害了我的利益，那我就告发你。一人犯罪株连九族，人们害怕被株连，为了自己的利益，就可以牺牲他人的利益。我们暂且不去讨论这种制度科学不科学，但就人性化这一点，对于企业的制度管理就很有借鉴意义：**制度是给人定的，好制度的核心必然是人性化。**

我们一般解释人性化就是以人为本，让"人"始终处于主导地位，所以，制度要柔和，要和善，有人情味和亲和力。不！**真正的人性化，不仅要体现人的真、善、美，也要抓住人的假、恶、丑。**很多时候，企业不是没有制度，甚至还可能制度十分完备，但我们经常会看到，许多制度从"落实"变成了"落空"。为什么？其中很大一部分原因，就是制度"目中无人"，忽略了人本性的因素。

如果现行制度没有抓住人性的假、恶、丑，没有考虑到人的本性需求，那么，在制度实施的时候，员工虽然不会硬碰硬，但他会"温柔地抵抗"，使制度的执行大打折扣。但如果考虑到了人的本性，并满足了员工的心理需求，这样的制度大家都乐意执行。

所以，制度能否得到切实执行，要看制定之初是否抓住了人的本性因素，使员工产生了认同感。因此，**制度锁定人性，企业无往不胜。**

> **制度指南**
>
> 1. 制度是给人定的，好制度的核心必然是人性化。
> 2. 真正的人性化，不仅要体现人的真、善、美，也要抓住人的假、恶、丑。
> 3. 制度锁定人性，企业无往不胜。

给制度骨骼加上文化的经络

如果把企业当成一个人的话,那么制度就是一个人的骨骼。试想一下,没有骨骼,人还是人吗?肯定不是,但是当一个人只有骨骼的时候,他能动吗?肯定不能。就算能动起来也是很机械的,毕竟它没有灵魂,也没有经络。没有软的东西,就不能运行。这种软的东西,或者说经络是什么?是文化,企业文化就是企业的灵魂。因此,**骨骼附上了经络就有了灵魂,动起来也就灵活自如了;企业制度有了企业文化的保障,发展也就能稳步向前了**。

为什么制度必须要文化化?因为制度执行的本质是意识和文化问题,制度只能规定什么时候上班、什么时候休息、不准迟到、不准早退等,却不能规定意识。只解决了行为问题,而不解决意识问题,行为还会出乱子。因此,管行为用制度,管意识用文化。

如果制度没问题,还连连出问题,那多半是文化出了问题。

> **制度指南**
>
> 1. 骨骼附上了经络就有了灵魂,动起来也就灵活自如了;企业制度有了企业文化的保障,发展也就能稳步向前了。
> 2. 只解决了行为问题,而不解决意识问题,行为还会出乱子。
> 3. 管行为用制度,管意识用文化。
> 4. 如果制度没问题,还连连出问题,那多半是文化出了问题。

给制度血脉加上老板的起搏器

电视剧《大宅门》深受观众喜爱。讲述的是清末至民国时期，北京著名医药世家白家的传奇故事。白家是京城里有名的医药世家，深得官民的信赖，所以生意一直很红火。尤其是到了北洋政府时期，白家的生意越做越大，白景琦当上了京城医药行会的会长，他的大儿子白敬业也在店里做事，成为百草厅配药房的"部门主管"。

白敬业天生娇纵淫奢，不喜欢医药行当，但仍被家族寄予重望、委以重任。可是白敬业见利忘义，在配药的过程中，偷工减料、以次充好，引发了另外两位"高层"白家老管家、老药剂师许先生和涂二爷的不满。在劝说无济于事的情况下，两位老先生一气之下就把辞呈递给了白景琦。

作为老板的白景琦该如何决策呢？如果放这批药出厂，最大的损失就是"百草厅"百年品牌的价值；如果销毁了这批假药，"百草厅"

将损失惨重，陷入债台高筑、岌岌可危的境地。当然，白景琦的视野没有局限到只顾眼前的利益，而是看到了更远——维护"百草厅"百年老店的形象。

"当断不断，必受其乱"，为了设法挽回损失，白景琦决定自曝家丑，他当即召集药行商会全体员工，在众目睽睽之下办了两件事：痛心疾首地严厉处置了药房主管白敬业；一把火当众销毁价值七万两银子但品质不良的假药"九转金丹"。除此之外，还讲了一番深深打动人心的话："白家老号绝不卖假药，药力不够都不能卖。甭说七万两……就是七十万两，把本儿烧光了，我关门歇业，回家吃窝窝头，也不能做亏心的事儿！今后如有偷工减料、坑蒙行骗，一经查出，均按此例处置！望药界同仁，以此为戒！"从此，医药行里没有人不知道，"白家老号"——"百草厅"绝不卖假药！一把火，没有烧掉"百草厅"，反而更加让它枝繁叶茂起来了。

其实，《大宅门》故事中的"百草厅"就是现实中的北京百年老号同仁堂，白氏家族的原型就是 同仁堂的乐氏家族。虽然这只是一部电视剧，却真实地反应了同仁堂的发展情况。从白景琦的这一把火中我们可以看到，为了维护规矩，需要付出巨大的代价，该"火"的时候必须"火"。就像心脏运行一样，制度运行有时候也会遇到问题。当心脏运行出现问题时我们会加上心脏起搏器，使其正常运行。那么，在制度运行遇到问题时该怎么办？企业的心脏起搏器在哪里？白景琦的行为告诉我们，**制度运行出问题，老板就是起搏器。**

对于企业而言，即使一个总体上说来是有用、有益的制度也不是万能的，因为不存在只有优点没有缺点的制度。一个制度并不因为它是制度，就不会在具体问题上，有时甚至是重大问题上出错。**当制度的运行出现问题，或者遇到障碍的时候怎么办？老板一定要出来带头执行。**带头去改正，带头去纠偏，带头去推动，甚至必要的时候还要抓住典型，就像白景琦烧假药一样，以抓住典型来维持质量体制。所以，我们看到，当制度遇到阻力时，老板必须加力，推动，推动，直到它形成巨大的惯性。

> **制度指南**
>
> 1. 制度运行出问题，老板就是起搏器。
> 2. 当制度的运行出现问题，或者遇到障碍的时候怎么办？老板一定要出来带头执行。
> 3. 当制度遇到阻力时，老板必须加力，推动，推动，直到它形成巨大的惯性。

给制度落地加上承诺的保证

很多企业家都有这样的感觉,有制度,无落实。很多时候,制度到了基层,就成了一纸空文,原来怎么样,现在照样怎么样,根本不把制度放在眼里。也有一些企业,也执行制度,但是思虑太多,所以普遍存在着思考太多、行动太少的现象。这就好像在战场上,连长喊:"同志们往前冲呀!"士兵却开始思虑,说:"连长且慢,这是正义战争还是非正义战争呀?"或者说:"排长且慢,我认为10分钟以后发起攻击才是最好的。"如果真是在战场上,这样的人就该被枪毙。为什么?思虑太多,行动太少,从另外一个角度来讲,不执行就是抗拒。

其实,在制度建设中也是一样。**制度的执行是关键,有制度无执行等于没制度**。也就是说,再好的制度,如果因为缺少落实的观念和责任意识而得不到落实,那么任何严格的制度都只能是形同虚设,如同一纸空文。所以,**认真执行制度是一种责任,能否落实到位,将直**

接决定一个企业的命运。因为它一头连着企业的兴衰，一头连着员工的生存。

因此，很多企业家都非常关心制度的执行，也在想尽一切办法将制度执行进行到底，或者是建立监督机制，或者是领导带头执行等。但是，即使这样，很多时候也仍然不尽如人意。那么，有没有更好的方法来促进执行呢？有，用承诺保证执行，这一点我们可以从西方人结婚仪式中得到验证。

现在许多人选择在教堂举行婚礼，在教堂的天花板上众多《圣经》人物的注视下，新郎、新娘会向一位手捧《圣经》的神父承诺：无论将来是富有还是贫穷，无论身体健康或疾病，彼此都愿意和对方永远在一起。然后神父会以圣灵、圣父、圣子的名义宣布：新郎、新娘结为夫妻。这个场面是西方婚俗里比较常见的，也基本上是他们必选的结婚方式。他们为什么必须要在教堂举行婚礼呢？这是让上帝见证他们的婚礼，当然，这也是一种承诺。

生活中是这样，企业管理中也同样存在着承诺。比如，IBM公司就进行了这方面的尝试。在IBM公司，对每位员工薪资的评定，会和员工个人的承诺计划挂钩。当然，个人承诺计划不是凭空做出来的，而是由员工和上级领导共同制订的，并且是一个切合实际的业绩计划。计划制订出来以后，双方都清楚这一年的工作重点，所以，员工自己就会严格地按照所承诺的去做。到一年工作结束时，领导就会按照这个承诺计划给员工打分。

使用这样的承诺法，有什么好处呢？这是一种有效又好用的方法。有承诺就会有兑现，所以员工会督促自己严格执行计划。结果表明，有承诺的目标、指标和没有承诺的相比，其完成情况大不一样。**以明确的方式对未来的行为做出保证，当责任被承诺时，执行力将会倍增，也就是说用承诺提升执行力。**为什么呢？

其实，人都有这样一种行为习惯：我答应你的事情要做到，我可能不是为你负责，我是为我的诺言负责。所以，很多时候，一个人，别人说他错了可以，但说他不守信、说话不算数，他就会认为是对他人格最大的侮辱——人们会格外地注重自己的承诺。

《三国演义》里的"桃园三结义"，为了兄弟，刘备冒着失国的风险也要实现当年的承诺，与兄弟共患难。寺庙里的和尚，头上有九个戒疤，为的是戒欲，这也是承诺。那么，当承诺用在企业管理上，如何来做呢？

承诺要做到两个方面：一是承诺内容，二是承诺方式。在内容方面，要有承诺目标、质量和期限。只有目标没有质量不行，只有质量没有期限也不行，所以要三者俱全。在方式方面，要有承诺规则，不能不择手段地去完成任务，为了避免形成恶意的竞争，必须要在规则下进行。与此同时，承诺还要公开化，把这些承诺全部贴上墙，让人人天天都看得到，起到一个提醒的作用。这样一来，每当你看到墙上的承诺，就会立刻被提醒你的目标正在这里。

承诺有纵向承诺和横向承诺之分。纵向承诺是指上级对下级、下级对上级的承诺。也就是说，下级要对上级承诺工作目标，领导也要对下级承诺赏罚。横向承诺，即先向客户承诺，然后二线向一线承诺，三线向二线承诺。也就是说，要一个承诺一个承诺地锁死，如果没有内部承诺的支持，就很难实现企业对外的承诺。

服务员向食客推荐菜品是向顾客的承诺，厨师做好保质、保量的菜肴是向服务员的承诺，采购员购买达到标准的材料是向厨师的承诺。因此，顾客是客户，内部员工也是客户，上一级工序是下一级工序的客户。一级向另一级承诺服务了，工作才能够做到位。

> **制度指南**
>
> 1. 制度的执行是关键，有制度无执行等于没制度。
> 2. 认真执行制度是一种责任，能否落实到位，将直接决定一个企业的命运。因为它一头连着企业的兴衰，一头连着员工的生存。
> 3. 以明确的方式对未来的行为做出保证，当责任被承诺时，执行力将会倍增，也就是说用承诺提升执行力。

制度调整比一成不变更重要

每当我们打开电脑的时候,杀毒软件会执行一次开机查杀,看电脑是否存在病毒。为了应对不断出现的新病毒,杀毒软件几乎天天都要更新,这也是新形势不断变化的需要。

其实,国家制度就像杀毒软件一样,也在不断升级。

制度可以保证国家的长盛,但一成不变的制度也会把国家送进坟墓。因此,**制度不能是死的,它是一个动态的过程,需要不断地提升与完善,一成不变最终肯定会导致形式主义,使制度名存实亡。**

对于企业而言,更需要不断地完善制度。因为社会经济在不断发展,企业面临的市场环境也在不断变化,再加上员工队伍、组织自身的发展变化,企业制度的实时更新成为一种必然的要求,必须经常、适时地对制度做出调整。当然这种调整不是天天变、月月变,而是当外界发生的变化导致企业自身在各个层面发生改变的时候,制度就必须变了，而且最好是变在前面，这样主动权就掌握在企业手里。所以，**制度的调整必须要有与之相适应的更新机制**。那么，企业该如何做调整，从而让制度"动"起来？

好的制度一定是适合本企业的实际情况、适应本企业永续发展的制度。变的是环境，不变的是本色。它既要结合企业文化，符合企业的价值观，又要保障企业在不同发展阶段的运营，圆满完成阶段性任务；既要不断促进企业资源的整合与完善，又要充分考虑到市场因素；既要有利于调动员工的积极性、主动性和创造性，又要适合员工的生理和心理承受能力。这样调整出来的制度才不会成为企业永续发展的绊脚石，而且将会促进企业效益的提升。

另外，如何把握好制度调整的度？这是一个非常关键的问题，就像厨师炒菜一样，最难掌握的是火候，火候的大小决定了菜肴能否成为美味。同样，制度的调整最难掌握的也是度的问题。那么，究竟调整多少合适呢？第一，调整的比例适合企业的实际需要就可以了。第二，制度的调整不需要一步到位，每次制度的制定保持20%的人反对、80%的人拥护就可以。

原则上，一整套制度的完全调整分五个阶段比较好，也就是说一次调整20%。保持这个比例就完全可以了，借用曹雪芹描写林黛玉的一句话，叫作："增之一分则嫌肥，减之一分则嫌瘦。"

第八章 | 制度执行：十分规矩、七分执行

> **制度指南**
>
> 1. 制度不能是死的，它是一个动态的过程，需要不断地提升与完善，一成不变最终肯定会导致形式主义，使制度名存实亡。
> 2. 制度的调整必须要有与之相适应的更新机制。
> 3. 好的制度一定是适合本企业的实际情况、适应本企业永续发展的制度。
> 4. 制度的调整不需要一步到位，每次制度的制定保持20%的人反对，80%的人拥护就可以。
> 5. 原则上，一整套制度的完全调整分五个阶段比较好，也就是说一次调整20%。

制度不必管得太细

不管是大企业，还是小企业，都需要制度，所谓"没有规矩，不成方圆"。但是，很多企业在刚起步的时候，是没有制度的，以至于什么都不好办，管理乱，企业更乱。所以，企业发展到一定规模后，都会制定制度。毕竟制定一套适合自己实际情况的管理制度，是一切管理工作的前提。

那么，是不是有了制度，企业就可以管理好了呢？也未必。现实中有一个企业，有一本《制度行动指南》，上面的规定非常详细，大约有二十多万字，几乎覆盖了所有员工的每一项活动，大到工作流程，小到衣食住行，应有尽有。比如发票制度，每一张发票报销的时候，都要注明时间、地点、去哪里、见谁、报销的原因，等等，之后还会有人检查。制度规定得非常详细，原以为以后再遇到问题就容易解决了，可结果是员工们逃避制度，甚至是害怕制度。为什么？调查发现是因为制度规定得太细了。

的确，二十多万字的制度，装订后像一本大词典。制度里面什么都规定、什么都限制而且都规定、限制得很死，这样一来，员工的积极性很难被调动起来。就像新闻里报道的，一名记者到一个企业去做卧底，发现那里的员工连上厕所都要请示领导，还要登记，经批准后才能去，而且还有时间限制。其实，这完全没必要，如果连上个厕所都要限制，那企业制度就有问题了，起码不是一个好的制度。那么，企业到底需要什么样的制度呢？我的答案是：**制度不能包打天下，有些细节，要交给不成文的制度来管，交给文化来管，交给科技来管。**

企业运营要依靠制度，但我们又不能把所有事情都用制度来框定，更不能事无巨细地规定得太细。**制度太细会让员工产生比较大的思想压力，让他们无所适从，从而失去创造性和创新能力，这样一来，再好的员工也会被管得碌碌无为。**而且制度太细，管理成本会很高。制度管理和其他的管理一样，也是要讲效益的，如果超出了限度，太多、太细，那管理起来不但烦琐累赘，而且成本也高，还低效无用。所以，**制度不是越详细越好，好的制度是可以提高企业管理效率和运营效益的，是大多数员工都能接受而且可以心甘情愿地执行的。**

有人会说，没有制度不行，制度太细了又不行，那到底怎样才叫好？其实，制定制度的目的就是为了企业能够建立起简洁、高效的运行秩序。所以，从这个角度来讲，制定好制度要把握好两个方面。一是严格管理，也就是说，制定制度时要严谨，执行制度时要严格。但是，有一点要弄明白，严不等于细，制度不细不代表不严谨、不严格。

二是合理、合适，也就是说，制度要偏重的是大的方向性的问题，要符合市场竞争的规律、企业运营的实际情况。

同时，制度也要遵循天理人性。从另外一个角度讲，就是企业的管理制度应充满人情味，不能给员工压力，不能让员工有不理解或者遥不可及的感觉；应该让员工感到制度的必要性和可实现性，做到从心理上切实接受。**制度过细，过犹不及，不仅会增加员工的反感，甚至会让员工由遵守者变成挑衅者。尤其是新制度，应该先粗放一点，循序渐进调整为好。**

当然，制度是硬性的，也是可执行的。但是，在实际的管理中，也有一些任务是不可执行的，是无法用制度来规定的。企业在这个时候应该怎么办？答案就是：由人来控制，用文化来引导，用文化的感召力解决制度的死角。

现代科技越来越发达，除了文化之外，有条件的企业还可以利用科技手段来解决制度过于烦琐的问题。一位食品厂老板告诉我，他们对卫生的控制相当严格，原来规定员工上厕所必须洗手，否则罚款，但执行起来难度太大——总不能随时派个人盯着他们吧。后来改为经常教育，但也不太靠谱。现在他们上了自动监控系统，你不洗手，厕所大门就打不开，你想不洗手？门儿都没有！

> **制度指南**
>
> 1. 制度不能包打天下,有些细节,要交给不成文的制度来管,交给文化来管,交给科技来管。
> 2. 制度太细会让员工产生比较大的思想压力,让他们无所适从,从而失去创造性和创新能力,这样一来,再好的员工也会被管得碌碌无为。
> 3. 制度不是越详细越好,好的制度是可以提高企业管理效率和运营效益的,是大多数员工都能接受而且可以心甘情愿地执行的。
> 4. 制度过细,过犹不及,不仅会增加员工的反感,甚至会让员工由遵守者变成挑衅者。

精品制度范例 7：高效员工的 16 项习惯

企业的"企"字是由上面一个"人"字和下面一个"止"字组成的，这就是告诉我们"企"缺"人"则"止"。所以，企业拥有好的人才，才能有好的产品及服务。那么，什么样的员工才能算得上是人才呢？我们说，能够为企业创造高绩效的员工就是企业的人才。高绩效员工会有 16 项习惯，可以归类为几个方面。选择怎样的人生方向、有了方向还需要有动力、用什么作为动力、怎样约束自己、怎样和别人合作，以及怎样达成目标取得绩效，都会有一些习惯。下面从 5 个方面入手，我来谈谈培养高绩效员工的 16 项习惯。

1. 选择什么样的方向？

方向就是规划，选择什么样的方向也就是规划什么样的人生。因此我们可以从发展规划的角度来表述。比如：

出演一流的剧本。

发挥自己的强项。

选择慎重，追求执着。

2. 你的动能在哪里?

所谓的动能是指自身的内在激励，我们可以从用什么作为你的动力角度来表述。比如：

为明天时刻准备着。

刷新昨天的纪录。

要做就做最好。

3. 如何自律?

关于自律，我们可以从自我约束的角度来表述。比如：

勇担重任。

找方法不找借口。

储蓄自己的诚信。

4. 怎样合作?

关于怎样与人合作，我们可以从共赢的角度来表述。比如：

反视自我。

主动沟通。

团队共赢。

5. 怎样取得绩效？

关于绩效，我们可以从取得什么样的业绩成果角度来表述。比如：

用业绩来说话。

向时间要效益。

以目标引导行动。

将错误视为阶梯。